普通高等学校经管类精品教材

安徽省“十四五”高等职业教育规划教材《基础会计》（第3版）配套实训教材

基础会计实训

第2版

主　　编　宋风长　尹　莺

副主编　王　云　屠　欢

编写人员（以姓氏笔画为序）

王　云　尹　莺　付晓兰　李玉存

李华兵　杨　静　汪红蕾　宋风长

夏金平　屠　欢　葛宏俊

中国科学技术大学出版社

内 容 简 介

本书为与安徽省“十四五”高等职业教育规划教材《基础会计》(第3版)配套的会计技能实训教材，以最新的《企业会计准则》和《会计基础工作规范》为依据，除包含常规的会计处理内容，还将会计大小写数字规范书写作为训练内容，按照会计工作循环，构建了一个从填制和审核会计凭证到建账、记账、期末处理、对账、结账、编制会计报表等的完整的会计操作流程。

本书可供各类院校财会专业教学使用及相关行业从业人员学习参考。

图书在版编目(CIP)数据

基础会计实训 / 宋风长，尹莺主编. -- 2版. -- 合肥 ：中国科学技术大学出版社，2025. 6. -- ISBN 978-7-312-06352-7

Ⅰ. F230

中国国家版本馆CIP数据核字第2025EZ6552号

基础会计实训

JICHU KUAIJI SHIXUN

出版 中国科学技术大学出版社
安徽省合肥市金寨路96号，230026
http://press.ustc.edu.cn
https://zgkxjsdxcbs.tmall.com

印刷 安徽国文彩印有限公司

发行 中国科学技术大学出版社

开本 787 mm×1092 mm 1/16

印张 14.75

字数 347千

版次 2016年8月第1版 2025年6月第2版

印次 2025年6月第2次印刷

定价 40.00元

前　　言

会计作为经济管理活动的重要基础，具有鲜明的应用性、操作性和规范性特征。当前会计实践教学中普遍面临着企业数据敏感性与岗位容量受限的双重挑战，传统理论教学与实务操作间的衔接断层已成为制约人才培养质量的突出问题。为系统解决这一教学痛点，本书秉承"理实一体、岗课融通"的编写理念，通过构建全流程仿真实训体系，着力培育学习者的职业判断能力与实务操作素养，为其实现从知识习得到能力迁移的跨越式发展奠定坚实基础。

《基础会计实训》作为安徽省"十四五"高等职业教育规划教材《基础会计》(第3版)的配套实训教材，严格遵循财政部2024年修订的《企业会计准则》及《会计基础工作规范》等法规要求，突破传统的课堂教学模式，展示真实的票证、单证等会计资料，通过学生仿真演练和操作，强化学生对会计核算程序和方法的理解。在内容上，除了常规的会计处理内容外，还将会计大小写数字规范书写作为训练内容，按照会计工作循环，构建了一个从填制和审核会计凭证到建账、记账、期末处理、对账、结账、编制会计报表等的完整的会计操作流程。全书共分如下实训模块：会计书写规范→建账→原始凭证的填制与审核→收、付、转凭证的填制(通用记账凭证的填制、汇总记账凭证的填制)→记账凭证的审核→期末账表的编制(科目汇总表的编制、试算平衡表的编制、银行存款余额调节表的编制)→账簿登记(日记账、明细账、总账登记、期末对账和结账)→财务报表编制。

本书采用活页设计，配套教学资源库及答案，可供学习者自学。本书不仅可供各类院校财会专业教学使用，还可供会计从业人员阅读与参考。

本书配有教学PPT、教案、实训答案，读者可使用手机扫码获取，也可联系邮箱364109406@qq.com索取。

本书由合肥职业技术学院宋风长及尹莺担任主编，负责教材的总体构思与设计、编写大纲拟定和统稿工作；合肥职业技术学院王云、屠欢担任副主编。参加编写的还有合肥职业技术学院付晓兰、李华兵，徽商职业学院汪红蕾、夏金平，宣城职业技术学院杨静、葛宏俊，安徽粮食工程职业学院李玉存。

因编写水平有限，书中难免存在不足之处，敬请读者批评指正。

编　者

目　　录

项目一　绪　论

一、基础会计实训目的

（一）强化理论实践结合，构建会计职业认知体系

鉴于会计专业的实践特殊性，校外实习面临企业数据敏感性及岗位容量限制。系统化的会计模拟实训能够有效弥补理论教学短板，通过仿真业务环境帮助学生建立完整的会计工作流程认知，为职业发展奠定坚实基础。

（二）规范实务操作训练，提升专业技能水平

针对传统会计教学中存在的理论讲授与实务操作结构性失衡问题，特别是依赖会计信息系统软件导致的操作盲区，重点构建“手工—信息化”双维能力培养体系。当前教学实践中，会计信息系统软件通过预设模板自动生成账簿和报表的便捷性，弱化了学生对会计循环底层逻辑的理解，致使出现账务错误时缺乏溯源能力。本实训教材通过模拟真实业务场景，系统化手工账务处理训练，着力强化三大核心维度：① 会计循环全流程实操（含期初建账、原始凭证的填制和审核、凭证装订、账簿登记、报表编制等基础环节）；② 关键节点控制能力（重点突破科目汇总表编制、试算平衡校验、错账更正方法等实务难点）；③ 账证表勾稽关系认知（建立手工账簿登记与财务报表编制的逻辑映射），实现从课堂知识到岗位能力的有效转化。通过还原未自动化处理的原始会计环境，使学习者深度理解借贷记账法的实现路径，从根本上解决因电算化及其他会计软件操作“黑箱化”导致的账务处理“知其然不知其所以然”的问题，形成可迁移的会计实务能力。

（三）培养职业综合素养，塑造严谨工作作风

强调会计职业道德规范与质量意识培养，通过标准化实训操作流程训练，引导学习者树立严谨、细致的工作态度，深刻理解会计信息质量对企业决策的重要影响。

二、实训教学内容体系

实训教学内容体系如表 1.1 所示。

表 1.1　实训教学内容体系

模块	实训项目	核心训练内容
项目二	会计数字书写	(1) 大小写数字标准化书写 (2) 大小写金额规范转换
项目三	建账	(1) 账簿启用登记表的填写 (2) 期初建账流程实操
项目四	会计凭证填制与审核	(1) 原始凭证填制与审核 (2) 记账凭证编制与审核 (3) 凭证整理装订技术
项目五	各类账表的编制	(1) 试算平衡表编制训练 (2) 科目汇总表编制训练 (3) 账户发生额与余额对照表编制训练 (4) 银行存款余额调节表编制训练
项目六	账簿登记	(1) 日记账登记训练 (2) 明细账登记训练 (3) 总账登记方法 (4) 错账更正训练 (5) 对账和结账训练
项目七	会计报表编制	(1) 资产负债表编制训练 (2) 利润表项目编制训练

三、教学实施规范

(一) 常规教学要求

1. 理论知识要求

完成“基础会计”理论课程学习，掌握复式记账法等基础知识。

2. 环境要求

配备仿真实训室(含标准会计凭证、账簿、账务报表、印章等教具)。

(二) 质量评价体系

1. 三维考核指标

(1) 过程性评价(40%)：出勤率、任务完成度、课堂表现等。

(2) 技能性评价(40%)：凭证合格率、账簿准确性、报表规范性等。

(3) 综合性评价(20%)：实训整理流程完成质量、异常问题处理能力等。

2. 分级评定标准

分级评定标准如表 1.2 所示。

表 1.2　分级评定标准

等级	得分区间(分)	能力表征
A+	95～100	操作零差错,能优化业务流程
A	85～94	独立完成复杂业务,处理规范
B	75～84	基本掌握核心技能,个别细节需改进
C	60～74	需指导完成主要任务
D	<60	未达到基本技能要求

四、教学组织方案

(一) 弹性实施模式

1. 分阶段实训

理论教学与对应模块同步开展(建议周课时 3+1 模式)。

2. 集中强化实训

理论课程结束后进行综合训练(建议连续 2—4 周)。

(二) 标准化课时分配

标准化课时分配如表 1.3 所示。

表 1.3　标准化课时分配

实训模块	基准课时	关键技术训练目标	课程思政目标
项目二	2	掌握财政部《会计基础工作规范》书写标准	培育工匠精神:通过数字书写精准规范化的训练,形成“差之毫厘,谬以千里”的质量意识,培养严谨、细致的工作作风
项目三	4	掌握账簿启用登记表的填写与期初建账的逻辑	树立工作流程规范性思想和培养耐心细致的工作作风:通过账簿启用表登记,掌握签章流程,理解会计工作的规范性;通过期初建账逻辑思路的引导,培育学生勤于思考、耐心细致的工作作风
项目四	12	完成各种类型的凭证填制与审核、掌握凭证整理装订技术	筑牢法治观念、强化诚信意识:通过原始凭证实训,引入原始凭证造假案例,强化“经济业务真实性不可逾越”的底线思维,强化诚信意识

续表

实训模块	基准课时	关键技术训练目标	课程思政目标
项目五	7	掌握并完成试算平衡表、科目汇总表、银行存款余额调整表等的编制	培育科学精神、建立严谨系统业务处理逻辑：通过试算不平衡的排查训练，养成“数据异常必溯源”的批判性思维。通过科目汇总表编制，树立系统整理、分类汇总的逻辑思路，掌握科目汇总表和总账填写之间的勾稽关系
项目六	14	掌握各类账簿登记方法、错账更正的方法、期末对账结账的技术要求	(1) 锤炼责任担当：通过错账更正训练，培育“知错必改、改必留痕”的职业品格。 (2) 培养严谨细致的工作态度：结合各类账簿登记实训，培养严谨细致认真的工作态度，培养从凭证到账簿的系统联系的逻辑思维
项目七	3	掌握资产负债表、利润表编制的原理及应用	(1) 厚植家国情怀：通过资产负债表编制和利润表实训，认知会计信息对国家宏观经济治理的基础作用。 (2) 坚守职业底线：以财务报表造假案例为戒，树牢“不做假账”的终身职业信条

注：可根据学生知识掌握情况±20%课时，总实训量建议不低于42标准学时。

项目二　会计数字书写

实训目标

(1) 规范书写会计小写数字；
(2) 正确书写会计大写数字。

任务一　规范书写会计小写数字

实训目的

(1) 明确会计小写数字的规范要求；
(2) 熟练掌握小写数字的书写技能。

实训时间

完成本次实训需 1 学时。

实训用品

(1) 会计专用笔或钢笔(蓝黑或碳素墨水)；
(2) 会计数字练习用纸或账页。

实训资料

阿拉伯数字手写体字样如图 2.1 所示：

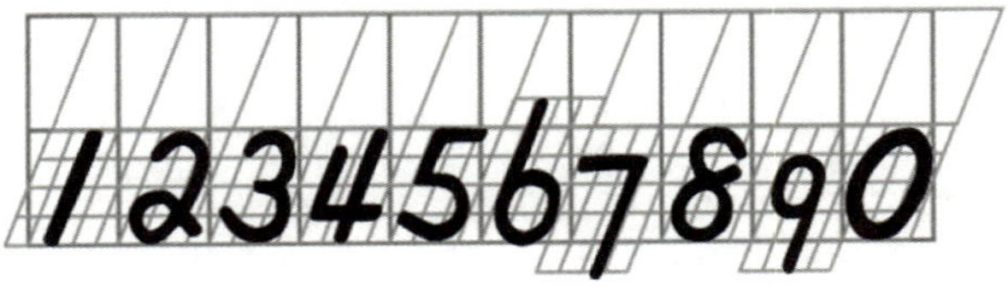

图 2.1　阿拉伯数字手写体

实训要求

按照标准写法进行阿拉伯数字书写练习(表 2.1),直至书写规范、流畅,指导教师认可。

表 2.1　会计数字练习

班级:__________　学号:__________　姓名:__________

表 2.1 续　会计数字练习

班级：______________　学号：______________　姓名：______________

任务二　正确书写会计大写数字

实训目的

(1) 掌握汉字大写数字的标准写法；
(2) 做到内容简明扼要、准确；字迹工整、清晰；书写规范、流畅。

实训时间

完成本次实训需 1 学时。

实训用品

(1) 会计专用笔或钢笔(蓝黑或碳素墨水)；
(2) 大小写金额书写训练用纸或账页。

实训资料

(1) 数字的汉字大写：壹、贰、叁、肆、伍、陆、柒、捌、玖、拾、佰、仟、万、亿、元、角、分、零、整。

(2) 20＊4 年 1 月份现金和银行存款收付业务的发生额：

① ¥0.70；② ¥0.09；③ ¥16.05；④ ¥84.00；⑤ ¥150.65；⑥ ¥6 430.08；⑦ ¥80 004.73；⑧ ¥131 000.40 ；⑨ ¥109 806.50

实训要求

按照标准写法书写上述发生额的大小写(表 2.2)，直至书写规范、流畅，指导教师认可。

表 2.2　大小写金额书写对照表

班级：＿＿＿＿＿＿＿　学号：＿＿＿＿＿＿＿　姓名：＿＿＿＿＿＿＿

小写金额栏										大写金额栏
千	百	十	万	千	百	十	元	角	分	
										人民币
										人民币
										人民币
										人民币
										人民币
										人民币
										人民币
										人民币
										人民币
										人民币
										人民币
										人民币
										人民币
										人民币
										人民币
										人民币
										人民币
										人民币
										人民币
										人民币
										人民币
										人民币
										人民币
										人民币
										人民币

表 2.2 续　大小写金额书写对照表

班级：______________　学号：______________　姓名：______________

小写金额栏										大 写 金 额 栏
千	百	十	万	千	百	十	元	角	分	
										人民币
										人民币
										人民币
										人民币
										人民币
										人民币
										人民币
										人民币
										人民币
										人民币
										人民币
										人民币
										人民币
										人民币
										人民币
										人民币
										人民币
										人民币
										人民币
										人民币
										人民币
										人民币
										人民币
										人民币
										人民币

项目三　建　　账

实训目标

(1) 熟悉总分类会计科目及明细科目的设置要求；
(2) 明确建账的主要准备事项；
(3) 能按要求熟练地完成总账、明细账、日记账等的建账工作。

任务一　账簿启用登记表

实训目的

(1) 了解并掌握建账的基本流程和方法；
(2) 能按要求熟练完成账簿启用登记表的登记工作。

实训时间

完成本次实训需 1 学时。

实训用品

账簿启用登记表 1 张。

实训资料

一、模拟实训企业概况

(1) 企业名称：安徽新科电子有限责任公司。
(2) 有关人员：
法人代表：赵国庆；

会计主管：丁强；
会计：王平；
出纳：李红艳；
复核：杨鸿。

二、会计事项

20＊4年9月1日企业现金日记账已登记满（本年度第二册），需要启用新的现金日记账（新现金日记账的编号为XKDZ20＊409；账簿页数为100页）。

实训要求

填制库存现金日记账“账簿启用登记表”（表3.1）。

表3.1 账簿使用登记表

<table>
<tr><td colspan="2">单位名称</td><td colspan="6"></td><td colspan="3" rowspan="5"></td></tr>
<tr><td rowspan="4">本账簿</td><td>名 称</td><td colspan="6"></td></tr>
<tr><td>册 次</td><td colspan="6">第 册</td></tr>
<tr><td>页 数</td><td colspan="6">第 号至第 号 共计 页</td></tr>
<tr><td>使用起讫日期</td><td colspan="6">自 年 月 日至 年 月 日</td></tr>
<tr><td rowspan="2">单位负责人</td><td>姓 名</td><td>盖 章</td><td rowspan="2">主办会计</td><td>姓 名</td><td colspan="2">盖 章</td><td rowspan="2">记账</td><td colspan="2">姓 名</td><td>盖 章</td></tr>
<tr><td></td><td></td><td></td><td colspan="2"></td><td colspan="2"></td><td></td></tr>
<tr><td rowspan="9">接交记录</td><td colspan="2">经管人员</td><td colspan="4">接 管</td><td colspan="4">交 出</td></tr>
<tr><td>职 别</td><td>姓 名</td><td>年</td><td>月</td><td>日</td><td>盖 章</td><td>年</td><td>月</td><td>日</td><td>盖 章</td></tr>
<tr><td></td><td></td><td></td><td></td><td></td><td></td><td></td><td></td><td></td><td></td></tr>
<tr><td></td><td></td><td></td><td></td><td></td><td></td><td></td><td></td><td></td><td></td></tr>
<tr><td></td><td></td><td></td><td></td><td></td><td></td><td></td><td></td><td></td><td></td></tr>
<tr><td></td><td></td><td></td><td></td><td></td><td></td><td></td><td></td><td></td><td></td></tr>
<tr><td></td><td></td><td></td><td></td><td></td><td></td><td></td><td></td><td></td><td></td></tr>
<tr><td></td><td></td><td></td><td></td><td></td><td></td><td></td><td></td><td></td><td></td></tr>
<tr><td></td><td></td><td></td><td></td><td></td><td></td><td></td><td></td><td></td><td></td></tr>
<tr><td>备注</td><td colspan="10"></td></tr>
</table>

任务二　初始建账

实训目的

(1) 了解并掌握建账的基本流程和方法；
(2) 能按要求熟练完成总账、明细账、日记账等的初始建账工作。

实训时间

完成本次实训需 3 学时。

实训用品

(1) 总分类账簿 1 本，一般采用“订本式账簿”；
(2) 明细账若干，一般采用“活页式”账页，格式主要有：三栏式、数量金额式和多栏式；
(3) 现金日记账和银行存款日记账各 1 本。
备注：本实训附相应账页模版，可自行复印，也可按实训用品准备。

实训说明

考虑到基础会计阶段，会计初学者知识结构尚待完善及其认知发展特点，本次建账实训暂以某单位 12 月份的账务处理为例，以点代面，旨在让学生掌握建账的基本流程和方法。

实训资料

一、模拟实训企业概况

(1) 企业名称：安徽新科电子有限责任公司。
(2) 有关人员：
法人代表：赵国庆；
会计主管：丁强；
会计：王平；
出纳：李红艳；
复核：杨鸿。

二、期初建账资料

(1) 以下是安徽新科电子有限责任公司 20 * 4 年 12 月初总账账户的期初余额,请同学们据此开设总分类账户。

① 资产、负债、所有者权益类账户期初余额(表 3.2)。

表 3.2　12 月初总账账户余额表

单位:元

科目代码	总账账户	借方余额	贷方余额
1001	库存现金	3 100	
1002	银行存款	660 000	
1121	应收票据	180 000	
1122	应收账款	70 000	
1231	坏账准备		400
1402	在途物资	6 000	
1403	原材料	163 000	
1405	库存商品	1 840 000	
1411	周转材料	50 400	
1601	固定资产	4 800 000	
1602	累计折旧		1 500 000
1801	长期待摊费用	500	
2001	短期借款		1 370 000
2201	应付票据		66 400
2202	应付账款		25 600
2211	应付职工薪酬		8 000
2221	应交税费	66 000	
2231	应付利息		4 000
4001	实收资本		3 527 000
4002	资本公积		90 000
4101	盈余公积		320 000
4103	本年利润		927 600
4104	利润分配		
合　计		7 839 000	7 839 000

② 由于按照账结法,损益类账户上期末余额均已结转至本年利润,所以本月均没有期初余额,但由于本期会有发生额,所以 12 月份在登记总分类账时,损益类科目需要建账,但不需要填写期初余额行。企业在期末编制利润表和清算所得税时,必须利用本年损益类账户的累计发生额,因此下表提供损益类账户 1—11 月份累计发生额供参考。

表 3.3 所列是安徽新科电子有限责任公司 1—11 月份的损益类账户累计发生额。

表 3.3　损益类账户 1—11 月份累计发生额

单位:元

科目代码	项　　目	1—11 月份累计数
6001	主营业务收入	3 000 000
6401	主营业务成本	1 800 000
6403	税金及附加	60 000
6051	其他业务收入	38 000
6402	其他业务成本	30 000
6601	销售费用	85 000
6602	管理费用	132 000
6603	财务费用	9 000
6301	营业外收入	24 000
6711	营业外支出	18 400
6801	所得税费用	

说明:建立总账时,给定的各总账账户期初余额是重要依据和参考,为了防止有些账户没有期初余额,但在本期内有发生额,所以在建账时,遵循谨慎性原则,应考虑设置适当的预留账页。

(2) 以下是安徽新科电子有限责任公司 20＊4 年 12 月初相关明细账户的期初余额,请同学们据此开设明细分类账。

① 三栏式明细账。安徽新科电子有限责任公司 12 月初往来账户余额见表 3.4:

表 3.4　12 月初往来账户余额

单位:元

总账账户	明细账户	借方余额	贷方余额
应收票据			
	新源公司	45 000	
	华联商厦	115 000	
	惠民商店	20 000	
应收账款			
	华联商厦	16 000	
	泰兴商店	6 000	
	江城百货公司	18 000	
	新百大厦	30 000	
应付票据			
	锦程塑料厂		40 400
	鸿雁电器厂		26 000
应付账款			
	三元电器厂		25 600

续表

总账账户	明细账户	借方余额	贷方余额
应交税费			
	应交增值税		
	应交所得税	66 000	
	应交个人所得税		
盈余公积			
	法定盈余公积		320 000
利润分配			
	提取法定盈余公积		
	应付现金股利		
	未分配利润		

(2) 数量金额式明细账。安徽新科电子有限责任公司 12 月初存货结存情况见表 3.5:

表 3.5　12 月初存货结存

金额单位:元

存货项目	明细账户	计量单位	数　量	单　价	金　额
原材料					
	A 材料	个	5 000	2	10 000
	B 材料	米	80 000	1.50	120 000
	C 材料	千克	10 000	3.30	33 000
库存商品					
	甲商品	台	8 000	160	1 280 000
	乙商品	台	7 000	80	560 000
在途物资					
	D 材料	件	1 000	6	6 000

说明:建立明细账时,同样会遭遇与总账类似的问题,有些账户没有期初余额,但在本期内有发生额。好在明细账采用的是活页账,账页的添加相对方便、简单。

(3) 表 3.6 是安徽新科电子有限责任公司 20＊4 年 12 月初日记账的期初余额,请同学们据此开设现金和银行存款日记账。

表 3.6　12 月初日记账的期初余额

单位:元

科目代码	账户名称	借方余额
1001	库存现金	3 100
1002	银行存款	660 000

实训要求

根据上述资料完成日记账、分类账的初始建账(表 3.7～表 3.12)。

表 3.7　库存现金日记账

年		凭证号数	对方科目	摘　　要	√	收入(借方)金额										付出(贷方)金额										结 余 金 额									
月	日					千	百	十	万	千	百	十	元	角	分	千	百	十	万	千	百	十	元	角	分	千	百	十	万	千	百	十	元	角	分

表 3.7 续　库存现金日记账

年		凭证号数	对方科目	摘　要	√	收入(借方)金额										付出(贷方)金额										结余金额									
月	日					千	百	十	万	千	百	十	元	角	分	千	百	十	万	千	百	十	元	角	分	千	百	十	万	千	百	十	元	角	分

表 3.8　银行存款日记账

年		凭证号数	对方科目	摘　要	√	收入(借方)金额										付出(贷方)金额										结余金额									
月	日					千	百	十	万	千	百	十	元	角	分	千	百	十	万	千	百	十	元	角	分	千	百	十	万	千	百	十	元	角	分

表 3.8 续　银行存款日记账

年		凭证号数	对方科目	摘　要	√	收入(借方)金额										付出(贷方)金额										结余金额									
月	日					千	百	十	万	千	百	十	元	角	分	千	百	十	万	千	百	十	元	角	分	千	百	十	万	千	百	十	元	角	分

表 3.9 ________总分类账

年		凭证号数	摘要	√	借方										贷方										借或贷	余额									
月	日				千	百	十	万	千	百	十	元	角	分	千	百	十	万	千	百	十	元	角	分		千	百	十	万	千	百	十	元	角	分

表 3.9 续　　________总分类账

年		凭证号数	摘要	√	借方										贷方										借或贷	余额									
月	日				千	百	十	万	千	百	十	元	角	分	千	百	十	万	千	百	十	元	角	分		千	百	十	万	千	百	十	元	角	分

表 3.10 ________明细账

二级科目:________

年		凭证号数	摘要	√	借方										贷方										借或贷	余额									
月	日				千	百	十	万	千	百	十	元	角	分	千	百	十	万	千	百	十	元	角	分		千	百	十	万	千	百	十	元	角	分

表 3.10 续 ____________明细账

二级科目：____________

年		凭证号数	摘　要	√	借　方										贷　方										借或贷	余　额									
月	日				千	百	十	万	千	百	十	元	角	分	千	百	十	万	千	百	十	元	角	分		千	百	十	万	千	百	十	元	角	分

表 3.11 应交税费——应交增值税明细账

年		凭证		摘要	借方																																							
					进项税额										已交税金										转出未交增值税										合计									
月	日	种类	编号		千	百	十	万	千	百	十	元	角	分	千	百	十	万	千	百	十	元	角	分	千	百	十	万	千	百	十	元	角	分	千	百	十	万	千	百	十	元	角	分

表 3.11 续　应交税费——应交增值税明细账

贷方																																																		借或贷	余额									
销项税额										出口退税										进项税额转出										转出多交增值税										合计																				
千	百	十	万	千	百	十	元	角	分	千	百	十	万	千	百	十	元	角	分	千	百	十	万	千	百	十	元	角	分	千	百	十	万	千	百	十	元	角	分	千	百	十	万	千	百	十	元	角	分		千	百	十	万	千	百	十	元	角	分

表 3.12　＿＿＿＿＿＿明细账

二级科目：＿＿＿＿＿＿　　计量单位：＿＿＿＿＿＿

年		凭证号数	摘要	收入											发出											结存										
月	日			数量	单价	金额									数量	单价	金额									数量	单价	金额								
						百	十	万	千	百	十	元	角	分			百	十	万	千	百	十	元	角	分			百	十	万	千	百	十	元	角	分

表 3.12 续 ________明细账

二级科目：________ 计量单位：________

年		凭证号数	摘要	收入											发出											结存										
				数量	单价	金额									数量	单价	金额									数量	单价	金额								
月	日					百	十	万	千	百	十	元	角	分			百	十	万	千	百	十	元	角	分			百	十	万	千	百	十	元	角	分

项目四　会计凭证填制与审核

实训目标

（1）能按要求熟练地填制原始凭证的相关内容；
（2）能正确规范地填制各种记账凭证；
（3）能根据凭证各项目的填制要求对原始凭证与记账凭证进行审核；
（4）能熟练地进行会计凭证的整理与装订。

实训背景

巢湖市华宇有限责任公司是一家生产车床、铣床、磨床等机床设备的大型机械设备生产商。公司人事基本情况：法人代表是马清秋，财务负责人是薛易，会计是刘明，出纳是钱玉玲，稽核是周淑娟，销售部长是周国强，车间主任是商凯，仓库主管是申兰，仓库保管员（发料人）是王峰，生产领料是沙宝。公司设有一个基本存款户，开户行为巢湖市工行巢湖路支行，单位账号：5021070005893；一个一般存款户，银行名称：中国银行健康路支行，开户账号：34260106045001。

任务一　原始凭证填制与审核训练

实训目的

（1）了解原始凭证的种类、格式和基本内容；
（2）掌握原始凭证的填制要求与方法；
（3）掌握原始凭证审核的方法。

实训时间

完成本次实训需 2 学时。

实训用品

实训资料所附的有关原始凭证。

实训资料

第一笔经济业务：20＊4年1月1日从银行提取现金4 500元，零星开支备用(图4.1)。

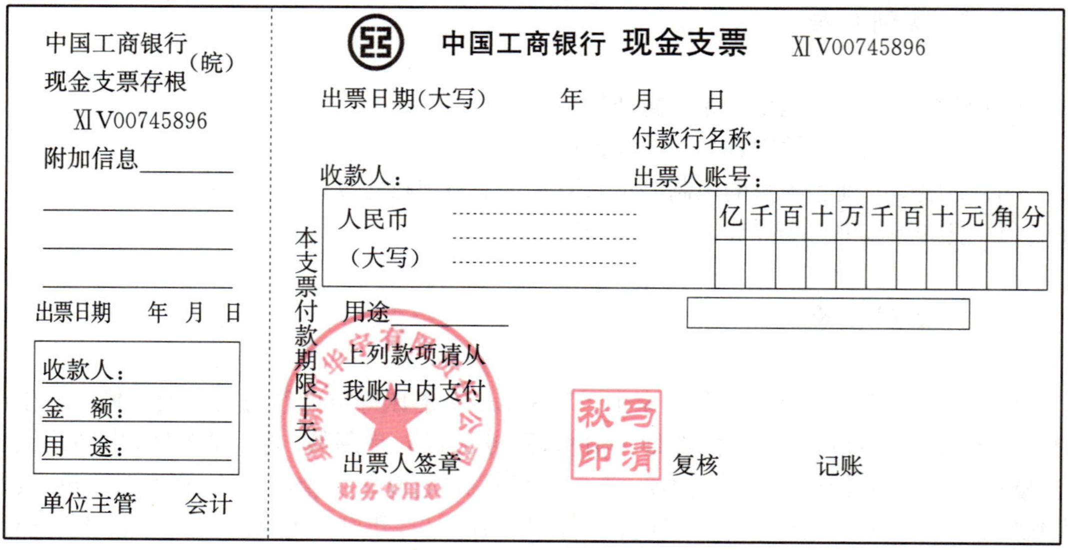
中国工商银行（皖）
现金支票存根
ⅪV00745896
附加信息________
出票日期 年 月 日
收款人：
金 额：
用 途：
单位主管 会计

中国工商银行 现金支票 ⅪV00745896
出票日期(大写) 年 月 日
付款行名称：
收款人： 出票人账号：
本支票付款期限十天
人民币（大写） 亿 千 百 十 万 千 百 十 元 角 分
用途________
上列款项请从
我账户内支付
出票人签章 复核 记账
秋马印清
财务专用章

图4.1 现金支票

第二笔经济业务：20＊4年1月3日一车间生产A产品领用甲材料30 000千克，一车间一般耗费甲材料80千克，乙材料50千克；机修车间领用乙材料40千克；行政管理部门耗费甲材料10千克、乙材料20千克。甲、乙材料的单位成本分别为12元/千克和10元/千克。根据每一种材料的用途填写领料单(表4.1～表4.3)。

表4.1 领料单

领料部门： 开单日期： 年 月 日

发料仓库： 发料日期： 年 月 日 限 天有效

货位编号	材料名称	型号规格	单 位	数 量		单 价	金 额
				请 领	实 发		
领料根据及用途							

发料： 材料计划： 领料主管： 领料：

表 4.2　领料单

领料部门：　　　　　　　　开单日期：　　　　年　　月　　日

发料仓库：　　　　　　　　发料日期：　　　　年　　月　　日　　限　　天有效

货位编号	材料名称	型号规格	单　位	数　量		单　价	金　额
				请　领	实　发		
领料根据及用途							

发料：　　　　材料计划：　　　　领料主管：　　　　领料：

表 4.3　领料单

领料部门：　　　　　　　　开单日期：　　　　年　　月　　日

发料仓库：　　　　　　　　发料日期：　　　　年　　月　　日　　限　　天有效

货位编号	材料名称	型号规格	单　位	数　量		单　价	金　额
				请　领	实　发		
领料根据及用途							

发料：　　　　材料计划：　　　　领料主管：　　　　领料：

第三笔经济业务：20 * 4 年 1 月 15 日，销售部吴建国和周浩到上海参加订货会。两人赴上海来去均乘长途卧铺汽车，票价 478 元/人；住宿费 350 元/(标准间・天)，共住宿 3 天。本企业出差补助标准是 100 元/(人・天)。请据此填写差旅费报销单(表 4.4)。

表 4.4　差旅费报销单

姓名								出差事由						出差日期	自　年　月　日 到　年　月　日		共　天	
起讫时间及地点						车船费		夜间车补助费			出差补助费			住宿费			其他	
月	日	起	月	日	讫	类别	金额	时间	标准	金额	日数	标准	金额	日数	标准	金额	摘要	金额
								小时	%									
								小时	%									
								小时	%									
小计																		
合计金额 （大写）				仟　佰　拾　元　角　分										预支____　核销____　退补____				

主管：　　　　部门：　　　　审核：　　　　填报人：

第四笔经济业务：20＊4 年 1 月 20 本企业向广东佛山金属材料有限公司购进甲材料 8 000 千克，单价 12 元/千克，价款 96 000 元，增值税税率为 13%，进项税额 12 480 元(材料编号 J001)，款项已通过电汇方式付清，材料已验收入 1 号仓库。向南方冶炼厂购进乙材料 6 000 千克(材料编号 Y001)，单价 10 元/千克，价款 60 000 元，增值税税率为 13%，进项税额 7 800 元，款项尚未支付，材料已验收入 2 号仓库。请据此填写材料验收单(表 4.5、表 4.6)。

表 4.5　材料验收单

供货单位：
发票号码：　　　　　　　　年　　月　　日　　　　　　　　收货仓库：

材料编号	材料名称	规　格	单　位	数　量	金　额	备　注

表 4.6　材料验收单

供货单位：
发票号码：　　　　　　　　年　　月　　日　　　　　　　　收货仓库：

材料编号	材料名称	规　格	单　位	数　量	金　额	备　注

第五笔经济业务：20＊4 年 1 月 31 日根据固定资产原值和月折旧率(3%)，填制固定资产折旧计算表(表 4.7)。期初固定资产原值 3 644 194 元：一车间固定资产原值为 1 449 915 元；二车间固定资产原值为 1 093 719 元；机修车间固定资产原值为 380 216 元；行政部门固定资产原值为 720 344 元。

表 4.7　固定资产折旧计算表

年　　月　　日　　　　　　　　单位：元

部　门	固定资产原值	计提比例%	金额
合　计			

账务科长：　　　　　　　　　　　　制表人：

实训要求

完成实训资料中的原始凭证填制。

任务二　收款凭证填制训练

实训目的

（1）熟悉收款业务的基本程序；
（2）明确收款凭证的基本要素；
（3）掌握根据收款原始单据填制收款凭证的操作技能。

实训时间

完成本次实训需 2 学时。

实训用品

收款凭证若干张。

实训资料

第一笔经济业务：从中国银行借入期限 6 个月的短期借款 70 000 元，款项已划入本公司的账户（图 4.2）。

借款凭证（回单）

20＊4 年 12 月 10 日

借款单位	名称	巢湖华宇有限责任公司		贷款单位	名称	健康路支行
	账号	34260106045001			账号	7245
贷款种类	生产周转借款		贷款期限	6 个月	月利率　5.7‰	
申请贷款金额	¥70 000 元		约定偿还日期		20＊5 年 6 月 10 日	
借款用途	购买材料					

核准借款金额	人民币（大写）柒万元整	千	百	十	万	千	百	十	元	角	分
				¥	7	0	0	0	0	0	0

根据你单位的申请，经我行审查同意，将此贷款转入你单位账户 （印章：中国银行股份有限公司巢湖健康路支行　20＊4.12.10　转（01）讫　王雪梅） 银行盖章	单位会计分录：

行长：俞春社　　信贷科：潘树文　　信贷员：曹立群

图 4.2　借款凭证（回单）

第二笔经济业务：巢湖市华新有限责任公司延期三天交付货物，按合同约定收到对方违约金 2 000 元(图 4.3)。

收　　据

20＊4 年 12 月 15 日　　　　№0029403

交款单位 巢湖市华新有限责任公司	收款方式 现金	第三联记账
人民币(大写)贰仟元整	¥[redacted]	
收款事由 合同违约金		

收款单位(盖章)　财务专用章　财务主管　现金收讫　会计　审核　开票 李梅雪

图 4.3　收据

第三笔经济业务：向巢湖方银有限公司销售 B 产品 300 件，单价 180 元/件，价款 54 000 元，增值税税率为 13%，销项税额 7 020 元，款项通过银行转账收讫(图 4.4；已销产品暂时不结转其成本，到月底再汇总结转成本)。

中国工商银行进账单(收账通知)

20＊4 年 12 月 18 日

付款人	全　称	巢湖方银有限公司			收款人	全　称	巢湖市华宇有限责任公司										
	账　号	432568745455				账　号	5021070005893										
	开户银行	巢湖市农行巢湖路支行				开户银行	巢湖市工行巢湖路支行										
金额	人民币(大写)	陆万壹仟零贰拾元整					亿	千	百	十	万	千	百	十	元	角	分
										¥	6	1	0	2	0	0	0
票据种类	转账支票	票据张数	1		中国工商银行股份有限公司巢湖 巢湖路支行 20＊4.12.18 业务办讫章(01) 收款人开户银行签章												
票据号码	301234005678																
复核 周颖　记账 张山																	

此联是银行交给收款人的收账通知

图 4.4　进账单

第四笔经济业务：收到开户银行的计息通知单，存款利息收入 112.48 元划入本公司账户(图 4.5)。

中国工商银行人民币计算通知单

20＊4年12月22日

巢湖市工行巢湖路支行

单位账号：　5021070005893　　　　单位名称：　巢湖市华宇有限责任公司

应付利息：　0.00　　　　　　　　　应收利息：　112.48

摘要：计息期间　　20＊4.09.21　—　20＊4.12.20

（巢湖市工行巢湖路支行　20*4.12.22　转账　转讫）

图4.5　计息通知单

第五笔经济业务：根据合同约定预收大江机械制造厂的部分货款（图4.6）。

中国工商银行进账单（收账通知）

20＊4年12月26日

<table>
<tr><td rowspan="3">付款人</td><td>全　称</td><td colspan="3">巢湖市大江机械制造厂</td><td rowspan="3">收款人</td><td>全　称</td><td colspan="11">巢湖市华宇有限责任公司</td></tr>
<tr><td>账　号</td><td colspan="3">2400062525146543</td><td>账　号</td><td colspan="11">5021070005893</td></tr>
<tr><td>开户银行</td><td colspan="3">巢湖市中行健康路支行</td><td>开户银行</td><td colspan="11">巢湖市工行巢湖路支行</td></tr>
<tr><td rowspan="2">金额</td><td rowspan="2">人民币（大写）</td><td colspan="5" rowspan="2">贰万壹仟零陆拾元整</td><td>亿</td><td>千</td><td>百</td><td>十</td><td>万</td><td>千</td><td>百</td><td>十</td><td>元</td><td>角</td><td>分</td></tr>
<tr><td></td><td></td><td></td><td>¥</td><td>2</td><td>1</td><td>0</td><td>6</td><td>0</td><td>0</td><td>0</td></tr>
<tr><td>票据种类</td><td>转账支票</td><td>票据张数</td><td>1</td><td colspan="14" rowspan="3">（中国工商银行股份有限公司巢湖巢湖路支行　20*4.12.26　业务办讫章（01））
收款人开户银行签章</td></tr>
<tr><td>票据号码</td><td colspan="3">230178450006</td></tr>
<tr><td colspan="4">复核　周颖　记账　张山</td></tr>
</table>

此联是银行交给收款人的收账通知

图4.6　进账单

实训要求

根据实训资料填制收款凭证（表4.8～表4.13）。

表 4.8　收款凭证

凭证字：______

借方科目：　　　　　　　　　　年　月　日　　　　　　　　　　凭证号：______

摘　　要	贷方总账科目	明细科目	贷方金额										记账符号
			千	百	十	万	千	百	十	元	角	分	
合　　计													

附单据　张

会计主管：　　记账：　　出纳：　　审核：　　制单：

表 4.9　收款凭证

凭证字：______

借方科目：　　　　　　　　　　年　月　日　　　　　　　　　　凭证号：______

摘　　要	贷方总账科目	明细科目	贷方金额										记账符号
			千	百	十	万	千	百	十	元	角	分	
合　　计													

附单据　张

会计主管：　　记账：　　出纳：　　审核：　　制单：

表 4.10　收款凭证

凭证字：______

借方科目：　　　　　　　　　　年　月　日　　　　　　　　　　凭证号：______

摘　　要	贷方总账科目	明细科目	贷方金额										记账符号
			千	百	十	万	千	百	十	元	角	分	
合　　计													

附单据　张

会计主管：　　记账：　　出纳：　　审核：　　制单：

表 4.11　收款凭证

凭证字：______

借方科目：　　　　　　　　年　月　日　　　　　　　凭证号：______

摘　要	贷方总账科目	明细科目	贷方金额										记账符号
			千	百	十	万	千	百	十	元	角	分	
合　计													

附单据　张

会计主管：　　记账：　　出纳：　　审核：　　制单：

表 4.12　收款凭证

凭证字：______

借方科目：　　　　　　　　年　月　日　　　　　　　凭证号：______

摘　要	贷方总账科目	明细科目	贷方金额										记账符号
			千	百	十	万	千	百	十	元	角	分	
合　计													

附单据　张

会计主管：　　记账：　　出纳：　　审核：　　制单：

表 4.13　收款凭证

凭证字：______

借方科目：　　　　　　　　年　月　日　　　　　　　凭证号：______

摘　要	贷方总账科目	明细科目	贷方金额										记账符号
			千	百	十	万	千	百	十	元	角	分	
合　计													

附单据　张

会计主管：　　记账：　　出纳：　　审核：　　制单：

任务三　付款凭证填制训练

实训目的

(1) 熟悉付款业务的基本程序；
(2) 明确付款凭证的基本要素；
(3) 掌握根据付款原始单据填制付款凭证的操作技能。

实训时间

完成本次实训需 2 学时。

实训用品

付款凭证若干张。

实训资料

第一笔经济业务：购买办公用品，款项 38.5 元以现金支付(图 4.7)。

安徽省货物销售统一发票

皖国税(05)印字第 39 号　　发票联　　发票代码:134260522111

客户名称:巢湖市华宇有限责任公司　　发票号码:00769165

品名	规格	单位	数量	单价	金额				
					百	十	元	角	分
办公用品					¥	3	8	5	0
合计金额(大写)×佰叁拾捌元伍角×分　¥38.50									
销售单位纳税人登记号	91340100MA6N2KLM1X								
备　注									

第二联：报销凭证

现金付讫

巢湖市成才百货文具商店　发票专用章

销售单位(盖章有效)　电话:0551-62312012　收款:　开票:张立静

地址:巢湖市巢湖路 127 号

图 4.7　货物销售统一发票

第二笔经济业务：以存款交纳相关税费 1 200 元(图 4.8)。

中　国　人　民　共　和　国
税收通用缴款书　（联网专用）

00930012
32038970　[redacted]
（20*41）皖地缴联　00930012　号

隶属关系：
注册类型：　其它有限责任公司　　填发日期：　20*4/01/10　　征收机关：　巢湖市地税局征管分局

缴款单位（人）代码		3414017121305890			缴款单位（人）开户行		巢湖市工行巢湖路支行		
缴款单位（人）全称		巢湖市华宇有限责任公司			缴款单位（人）账号		5021070005893		
税款所属时期		20*3/12/01___20*3/12/31			税款限缴日期		20*4/01/20		
预算科目		预算级次	收款国库	品目名称	课税数量	计税金额或销售收入	税率或单位税额	已缴或扣除额	实缴金额
编码	名称								
010903	城市维护建设税	区（县）级	巢湖市开发区金库	增消税额		10000	0.07		700
03020301	教育费附加	区（县）级	巢湖市开发区金库	增消税额		10000	0.03		300
0301127	地方教育费附加收入	区（县）级	巢湖市开发区金库	增消税额		10000	0.02		200
金额合计（大写）壹仟贰佰元整									¥1200.00
缴款单位（人）（盖章） 经办人（章）		税务机关（盖章） 填票人（章）穆柯玲			上列款项已收妥并划转收款单位账户 国库银行盖章　年　月　日				备注

无银行收章无效

第一联：（收据）国库（银行）收款盖章后退缴款单位（人）作完税证

逾期不缴按税法规定加收滞纳金

图 4.8　税收通用缴款书

第三笔经济业务：购买铣床 5 台，总价款 100 000 元，进项税额 17 000 元，以存款支付（图 4.9、图 4.10）。

安徽省增值税专用发票　　　　NO. 00660087

发票联（税务监制章略）

开票日期：20＊4 年 1 月 12 日

购货单位	名称：：巢湖市华宇有限责任公司 纳税人识别号：3414017121305890 地址、电话：安徽省巢湖市紫梧路旭佑广场 101 号 0565－8888888 开户行及账号：巢湖市工行巢湖路支行　5021070005893	密码区	4 567/45/－>546<787<23 7>/06 783>2＊＊903 455<5＊ 1－/♯451＋41＋>＊>5%234 95 348<56＋＊31/58>>52

货物或应税劳务名称	规格型号	计量单位	数量	单价	金额	税率(%)	税额
铣床	S301	台	5	20000.00	100000.00	13	13000.00
合计					100000.00		13000.00
税价合计（大写）	⊗壹拾壹万叁仟元整						¥113000.00

销货单位	名称：蚌埠市宏达设备有限公司 纳税人识别号：120948278495 地址、电话：蚌埠市人民路 493 号　0552－37489204 开户行及账号：蚌埠市农行人民路支行 9482029487532	备注	巢湖市宏达设备有限公司 120948278495 发票专用章

纳税人：　　　复核：　　　开票人：石之磊　　　开票单位：（章）

第二联　发票联　购货方记账凭证

图 4.9　增值税专用发票

先付 100 000 元，余款验收付款（图 4.10）。

中国工商银行 转账支票存根 （皖）
№ 02031219
附加信息
出票日期 20＊4 年 01 月 15 日
收款人:蚌埠宏达设备公司
金　额:￥100000.00
用　途:购铣床
单位主管:马清秋　会计:钱玉玲

图 4.10　银行转账支票存根

第四笔经济业务:销售部沈阳明借款 20 000 元(图 4.11、图 4.12)。

借　款　单

20＊4 年 1 月 20 日　　No. 2010012

借款部门	销售部	借款人	沈阳明
借款事由	参加展销传动		
借款金额	人民币(大写)贰万元整　￥20000.00		
审批	部门负责人: 情况属实 周国强	单位负责人: 同意借款 马清秋 20＊4 年 1 月 20 日	

图 4.11　借款单

中国工商银行 现金支票存根 （皖）
№ 01091771
附加信息
出票日期 20＊4 年 01 月 20 日
收款人:巢湖市华宇有限责任公司
金　额:￥20000.00
用　途:参加展销会
单位主管:马清秋　会计:钱玉玲

图 4.12　银行现金支票存根

第五笔经济业务：支付欠合肥河源商贸有限公司部分货款 30 000 元（图 4.13、图 4.14）。

付　款　凭　单

20＊3 年 10 月 15 日　　　　№ 2009456

一、基本情况			
收款单位	合肥市河源商贸有限公司	电　话	0551—63256412
开户银行	农行合肥市蒙城路支行	账　号	5264200036546
单位地址：	合肥市蒙城路 1234 号		
合同编号	20＊3035	发票编号	00048921
应付金额	120 000	发票日期	20＊3 年 10 月 12 日

二、付款记录								
付款次数	付款日期	付款方式	付款金额	未付金额	经办	审批	出纳	稽核
1	＊3/11/21	转账支票	50 000	70 000	赵成功	马清秋	钱玉玲	周淑娟
2	＊4/01/26	转账支票	30 000	40 000	赵成功	马清秋	钱玉玲	周淑娟
3								
4								
5								
6								
7								

图 4.13　付款凭单

中国工商银行
转账支票存根　（皖）

№ 02031232

附加信息

出票日期 20＊4 年 01 月 26 日

收款人：合肥河源商贸
金　额：￥30000.00
用　途：偿还借款

单位主管：马清秋　会计：钱玉玲

图 4.14　银行转账支票存根

实训要求

根据实训资料填制付款凭证(表 4.14～表 4.19)。

表 4.14　付款凭证

凭证字:______

贷方科目:　　　　　　　　　　年　月　日　　　　　　　　凭证号:______

摘　要	借方总账科目	明细科目	借方金额										记账符号
			千	百	十	万	千	百	十	元	角	分	
合　计													

附单据　张

会计主管:　　　　记账:　　　　出纳:　　　　审核:　　　　制单:

表 4.15　付款凭证

凭证字:______

贷方科目:　　　　　　　　　　年　月　日　　　　　　　　凭证号:______

摘　要	借方总账科目	明细科目	借方金额										记账符号
			千	百	十	万	千	百	十	元	角	分	
合　计													

附单据　张

会计主管:　　　　记账:　　　　出纳:　　　　审核:　　　　制单:

表 4.16　付款凭证

凭证字:______

贷方科目:　　　　　　　　　　年　月　日　　　　　　　　凭证号:______

摘　要	借方总账科目	明细科目	借方金额										记账符号
			千	百	十	万	千	百	十	元	角	分	
合　计													

附单据　张

会计主管:　　　　记账:　　　　出纳:　　　　审核:　　　　制单:

表 4.17　付款凭证

凭证字：______

贷方科目：　　　　年　月　日　　　　凭证号：______

摘　要	借方总账科目	明细科目	借方金额										记账符号
			千	百	十	万	千	百	十	元	角	分	
合　计													

附单据　张

会计主管：　　记账：　　出纳：　　审核：　　制单：

表 4.18　付款凭证

凭证字：______

贷方科目：　　　　年　月　日　　　　凭证号：______

摘　要	借方总账科目	明细科目	借方金额										记账符号
			千	百	十	万	千	百	十	元	角	分	
合　计													

附单据　张

会计主管：　　记账：　　出纳：　　审核：　　制单：

表 4.19　付款凭证

凭证字：______

贷方科目：　　　　年　月　日　　　　凭证号：______

摘　要	借方总账科目	明细科目	借方金额										记账符号
			千	百	十	万	千	百	十	元	角	分	
合　计													

附单据　张

会计主管：　　记账：　　出纳：　　审核：　　制单：

任务四　转账凭证和通用记账凭证填制训练

实训目的

（1）明确转账凭证和通用记账凭证的基本要素；
（2）掌握填制转账凭证和通用记账凭证的操作技能。

实训时间

完成本次实训需 2 学时。

实训用品

转账凭证或通用记账凭证若干张。

实训资料

第一笔经济业务：机修车间领用乙材料 40 千克，计 360 元（表 4.20）。

表 4.20　领料单

编号：9024

领料部门：机修车间　　开单日期：20 * 4 年　10 月　12 日

发料仓库：3 号仓库　　发料日期：20 * 4 年　10 月　12 日　　限　　天有效

货位编号	材料名称	型号规格	单位	数量		单价（元/千克）	金额（元）
				请领	实领		
J001	乙材料		千克	40	40	9	360
领料根据及用途：修理磨床							

第三联　记账

发料：王峰　　仓库主管：商凯　　车间主管：申兰　　领料：沙宝

第二笔经济业务：没收九龙商贸公司逾期未退包装物押金 12 000 元（图 4.15）。

证 明

财 务 部：

九龙商贸公司购买商品时借用木箱150个，现逾期未退，根据双方事先合同约定：没收其押金12 000元。

销售部

20＊4-10-25

图4.15

第三笔经济业务：分配本月制造费用(表4.21)。

表4.21 制造费用分配表

20＊4年10月31日

受益产品	生产工时	分配率	分配额(元)
风机	12 540		17 098.00
百叶窗	13 570		18 502.00
合 计	26 110	1.363 5	¥35 600.00

财务科长：薛易　　　　制表人：刘明

第四笔经济业务：摊销本月无形资产(专利权)1 000元(表4.22)。

表4.22 无形资产摊销分配表

20＊4年10月31日

项 目	摊销时间	摊销金额(元)	备 注
专利权	20＊3年12月	1 000.00	行政部门
合 计		¥1 000.00	

财务科长：薛易　　　　制表人：刘明

第五笔经济业务：部分损益类账户本月发生额，合计220 814元(表4.23)。

表4.23 部分损益类账户本月发生额汇总表

20＊4年10月31日

损益(成本费用)类账户	金额(元)
主营业务成本	125 680.00
其他业务成本	3 600.00
税金及附加	11 520.00
销售费用	41 890.00
财务费用	420.00
管理费用	37 704.00

续表

损益(成本费用)类账户	金额(元)
合计	¥220 814.00

财务科长:薛易　　　　　　　　　　　　　　　　制表人:刘明

实训要求

根据实训资料填制转账凭证(表 4.24～表 4.29)

表 4.24　转账凭证

凭证字:______

年　月　日　　　　凭证号:______

摘　要	总账科目	明细科目	借方金额										贷方金额										记账符号
			千	百	十	万	千	百	十	元	角	分	千	百	十	万	千	百	十	元	角	分	
合　计																							

附单据　张

会计主管:　　　　记账:　　　　审核:　　　　制单:

表 4.25　转账凭证

凭证字:______

年　月　日　　　　凭证号:______

摘　要	总账科目	明细科目	借方金额										贷方金额										记账符号
			千	百	十	万	千	百	十	元	角	分	千	百	十	万	千	百	十	元	角	分	
合　计																							

附单据　张

会计主管:　　　　记账:　　　　审核:　　　　制单:

表 4.26 转账凭证

凭证字：______

年 月 日 凭证号：______

摘 要	总账科目	明细科目	借方金额										贷方金额										记账符号
			千	百	十	万	千	百	十	元	角	分	千	百	十	万	千	百	十	元	角	分	
合 计																							

附单据 张

会计主管： 记账： 审核： 制单：

表 4.27 转账凭证

凭证字：______

年 月 日 凭证号：______

摘 要	总账科目	明细科目	借方金额										贷方金额										记账符号
			千	百	十	万	千	百	十	元	角	分	千	百	十	万	千	百	十	元	角	分	
合 计																							

附单据 张

会计主管： 记账： 审核： 制单：

表 4.28 转账凭证

凭证字：______

年 月 日 凭证号：______

摘 要	总账科目	明细科目	借方金额										贷方金额										记账符号
			千	百	十	万	千	百	十	元	角	分	千	百	十	万	千	百	十	元	角	分	
合 计																							

附单据 张

会计主管： 记账： 审核： 制单：

表 4.29　转账凭证

凭证字：______

年　月　日　　　　凭证号：______

摘　　要	总账科目	明细科目	借方金额										贷方金额										记账符号
			千	百	十	万	千	百	十	元	角	分	千	百	十	万	千	百	十	元	角	分	
合　　计																							

附单据　张

会计主管：　　　　记账：　　　　审核：　　　　制单：

任务五　汇总记账凭证填制训练

实训目的

（1）明确汇总记账凭证的基本要素；

（2）熟悉汇总记账凭证汇总与填制的基本程序。

实训时间

完成本次实训需 2 学时。

实训用品

汇总收款凭证、汇总付款凭证、汇总转账凭证若干张。

实训资料

请阅读表 4.30～表 4.75 所列的实训资料，完成相关实训要求。

备注：本实训为汇总记账凭证填制专项训练，为简化业务处理，所附记账凭证均未附原始凭证。其中，核算原材料采用计划成本法。

表 4.30　收款凭证

凭证字：现收

借方科目：库存现金　　　　20＊4 年 12 月 2 日　　　　凭证号：1

摘　　要	贷方总账科目	明细科目	贷方金额										记账符号
			千	百	十	万	千	百	十	元	角	分	
刘明退回多借的差旅费	其他应收款	刘明							2	0	0	0	
合　　计								¥	2	0	0	0	

附单据 2 张

会计主管：　　记账：　　出纳：钱玉玲　　审核：周淑娟　　制单：李梅雪

表 4.31　收款凭证

凭证字：银收

借方科目：银行存款　　　　20＊4 年 12 月 2 日　　　　凭证号：1

摘　　要	贷方总账科目	明细科目	贷方金额										记账符号
			千	百	十	万	千	百	十	元	角	分	
从银行借入短期借款	短期借款					8	0	0	0	0	0	0	
合　　计					¥	8	0	0	0	0	0	0	

附单据 3 张

会计主管：　　记账：　　出纳：钱玉玲　　审核：周淑娟　　制单：李梅雪

表 4.32　收款凭证

凭证字：银收

借方科目：银行存款　　　　20＊4 年 12 月 17 日　　　　凭证号：2

摘　要	贷方总账科目	明细科目	贷方金额										记账符号
			千	百	十	万	千	百	十	元	角	分	
销售 A 产品给 M 公司	主营业务收入	A 产品				4	5	0	0	0	0	0	
	应交税费	应交增值税（销项税额）					5	8	5	0	0	0	
合　计					¥	5	0	8	5	0	0	0	

附单据 4 张

会计主管：　　记账：　　出纳：钱玉玲　　审核：周淑娟　　制单：李梅雪

表 4.33　收款凭证

凭证字：银收

借方科目：银行存款　　　　20＊4 年 12 月 19 日　　　　凭证号：3

摘　要	贷方总账科目	明细科目	贷方金额										记账符号
			千	百	十	万	千	百	十	元	角	分	
预收 P 公司货款	预收账款	P 公司				2	2	0	0	0	0	0	
合　计					¥	2	2	0	0	0	0	0	

附单据 2 张

会计主管：　　记账：　　出纳：钱玉玲　　审核：周淑娟　　制单：李梅雪

表 4.34 收款凭证

凭证字：银收

借方科目：银行存款　　20＊4 年 12 月 19 日　　凭证号：4

摘要	贷方总账科目	明细科目	千	百	十	万	千	百	十	元	角	分	记账符号
收到 N 公司前欠货款	应收账款	N 公司				3	3	9	0	0	0	0	
合计					¥	3	3	9	0	0	0	0	

附单据 1 张

会计主管：　　记账：　　出纳：钱玉玲　　审核：周淑娟　　制单：李梅雪

表 4.35 付款凭证

凭证字：现付

贷方科目：库存现金　　20＊4 年 12 月 3 日　　凭证号：1

摘要	借方总账科目	明细科目	千	百	十	万	千	百	十	元	角	分	记账符号
支付 A 设备运费	在建工程	A 设备						2	0	0	0	0	
	应交税费	应交增值税（进项税额）							1	8	0	0	
合计							¥	2	1	8	0	0	

附单据 3 张

会计主管：　　记账：　　出纳：钱玉玲　　审核：周淑娟　　制单：李梅雪

表 4.36　付款凭证

凭证字：现付

贷方科目：库存现金　　　　20＊4 年 12 月 4 日　　　　凭证号：2

摘　　要	借方总账科目	明细科目	借方金额										记账符号
			千	百	十	万	千	百	十	元	角	分	
支付 A 设备安装费	在建工程	A 设备						5	0	0	0	0	
	应交税费	应交增值税（进项税额）							4	5	0	0	
合　　计							¥	5	4	5	0	0	

附单据 3 张

会计主管：　　记账：　　出纳：钱玉玲　　审核：周淑娟　　制单：李梅雪

表 4.37　付款凭证

凭证字：现付

贷方科目：库存现金　　　　20＊4 年 12 月 9 日　　　　凭证号：3

摘　　要	借方总账科目	明细科目	借方金额										记账符号
			千	百	十	万	千	百	十	元	角	分	
支付采购员刘明预借款	其他应收款	刘明						2	4	0	0	0	
合　　计							¥	2	4	0	0	0	

附单据 1 张

会计主管：　　记账：　　出纳：钱玉玲　　审核：周淑娟　　制单：李梅雪

表 4.38　付款凭证

凭证字：现付

贷方科目：库存现金　　　　20＊4 年 12 月 10 日　　　　凭证号：4

摘　　要	借方总账科目	明细科目	借方金额										记账符号
			千	百	十	万	千	百	十	元	角	分	
支付甲材料运费	材料采购	甲材料						2	0	0	0	0	
	应交税费	应交增值税（进项税额）							1	8	0	0	
合　　计							¥	2	1	8	0	0	

附单据2张

会计主管：　　　记账：　　　出纳：钱玉玲　　　审核：周淑娟　　　制单：李梅雪

表 4.39　付款凭证

凭证字：现付

贷方科目：库存现金　　　　20＊4 年 12 月 30 日　　　　凭证号：5

摘　　要	借方总账科目	明细科目	借方金额										记账符号
			千	百	十	万	千	百	十	元	角	分	
以现金发放工资	应付职工薪酬	工资				1	9	6	0	0	0	0	
合　　计					¥	1	9	6	0	0	0	0	

附单据1张

会计主管：　　　记账：　　　出纳：钱玉玲　　　审核：周淑娟　　　制单：李梅雪

表 4.40 付款凭证

凭证字：银付

贷方科目：银行存款　　20＊4 年 12 月 3 日　　凭证号：1

摘要	借方总账科目	明细科目	借方金额										记账符号
			千	百	十	万	千	百	十	元	角	分	
购入员工通勤班车一辆	固定资产	运输工具			1	0	1	7	0	0	0	0	
合　计				¥	1	0	1	7	0	0	0	0	

附单据 2 张

会计主管：　　记账：　　出纳：钱玉玲　　审核：周淑娟　　制单：李梅雪

表 4.41 付款凭证

凭证字：银付

贷方科目：银行存款　　20＊4 年 12 月 3 日　　凭证号：2

摘要	借方总账科目	明细科目	借方金额										记账符号
			千	百	十	万	千	百	十	元	角	分	
支付需安装设备价款	在建工程					2	3	4	0	0	0	0	
	应交税费	应交增值税（进项税额）					3	0	4	2	0	0	
合　计					¥	2	6	4	4	2	0	0	

附单据 3 张

会计主管：　　记账：　　出纳：钱玉玲　　审核：周淑娟　　制单：李梅雪

表 4.42　付款凭证

凭证字：银付

贷方科目：银行存款　　　　20＊4 年 12 月 9 日　　　　凭证号：3

摘要	借方总账科目	明细科目	借方金额										记账符号
			千	百	十	万	千	百	十	元	角	分	
支付采购甲材料装卸费	材料采购	甲材料						8	0	0	0	0	
	应交税费	应交增值税（进项税额）							4	8	0	0	
合　计							¥	8	4	8	0	0	

附单据 3 张

会计主管：　　记账：　　出纳：钱玉玲　　审核：周淑娟　　制单：李梅雪

表 4.43　付款凭证

凭证字：银付

贷方科目：银行存款　　　　20＊4 年 12 月 10 日　　　　凭证号：4

摘要	借方总账科目	明细科目	借方金额										记账符号
			千	百	十	万	千	百	十	元	角	分	
支付采购甲材料保险费	材料采购	甲材料				1	0	9	0	0	0	0	
	应交税费	应交增值税（进项税额）						6	5	4	0	0	
合　计					¥	1	1	5	5	4	0	0	

附单据 3 张

会计主管：　　记账：　　出纳：钱玉玲　　审核：周淑娟　　制单：李梅雪

表 4.44　付款凭证

凭证字：银付

贷方科目：银行存款　　　　20＊4 年 12 月 10 日　　　　凭证号：5

摘　要	借方总账科目	明细科目	借方金额										记账符号
			千	百	十	万	千	百	十	元	角	分	
支付前欠丁公司材料款	应付账款	丁公司				4	8	8	1	6	0	0	
合　计					¥	4	8	8	1	6	0	0	

附单据 2 张

会计主管：　　记账：　　出纳：钱玉玲　　审核：周淑娟　　制单：李梅雪

表 4.45　付款凭证

凭证字：银付

贷方科目：银行存款　　　　20＊4 年 12 月 17 日　　　　凭证号：6

摘　要	借方总账科目	明细科目	借方金额										记账符号
			千	百	十	万	千	百	十	元	角	分	
支付短期借款手续费	财务费用	手续费						1	0	0	0	0	
合　计							¥	1	0	0	0	0	

附单据 2 张

会计主管：　　记账：　　出纳：钱玉玲　　审核：周淑娟　　制单：李梅雪

表 4.46　付款凭证

凭证字：银付

贷方科目：银行存款　　　　20＊4 年 12 月 20 日　　　　凭证号：7

摘　要	借方总账科目	明细科目	借方金额										记账符号
			千	百	十	万	千	百	十	元	角	分	
退还 P 公司多余的预收款	预收账款	P 公司						9	4	0	0	0	
合　计							¥	9	4	0	0	0	

附单据 2 张

会计主管：　　记账：　　出纳：钱玉玲　　审核：周淑娟　　制单：李梅雪

表 4.47　付款凭证

凭证字：银付

贷方科目：银行存款　　　　20＊4 年 12 月 20 日　　　　凭证号：8

摘　要	借方总账科目	明细科目	借方金额										记账符号
			千	百	十	万	千	百	十	元	角	分	
支付广告费	销售费用	广告费					3	3	0	0	0	0	
	应交税费	应交增值税（进项税额）						1	9	8	0	0	
合　计						¥	3	4	9	8	0	0	

附单据 4 张

会计主管：　　记账：　　出纳：钱玉玲　　审核：周淑娟　　制单：李梅雪

表 4.48　付款凭证

凭证字：银付

贷方科目：银行存款　　　　20 * 4 年 12 月 20 日　　　　凭证号：9

摘　要	借方总账科目	明细科目	借方金额										记账符号
			千	百	十	万	千	百	十	元	角	分	
缴纳上月应交增值税	应交税费	未交增值税				1	2	9	0	0	0	0	
合　计					¥	1	2	9	0	0	0	0	

附单据2张

会计主管：　　记账：　　出纳：钱玉玲　　审核：周淑娟　　制单：李梅雪

表 4.49　付款凭证

凭证字：银付

贷方科目：银行存款　　　　20 * 4 年 12 月 24 日　　　　凭证号：10

摘　要	借方总账科目	明细科目	借方金额										记账符号
			千	百	十	万	千	百	十	元	角	分	
公益性捐赠支出	营业外支出	捐赠支出					2	0	0	0	0	0	
合　计						¥	2	0	0	0	0	0	

附单据3张

会计主管：　　记账：　　出纳：钱玉玲　　审核：周淑娟　　制单：李梅雪

表 4.50 付款凭证

凭证字：银付

贷方科目：银行存款　　　　20＊4 年 12 月 30 日　　　　凭证号：11

摘要	借方总账科目	明细科目	借方金额										记账符号
			千	百	十	万	千	百	十	元	角	分	
从银行提取现金	库存现金					1	9	6	0	0	0	0	
合　计					¥	1	9	6	0	0	0	0	

附单据 1 张

会计主管：　　记账：　　出纳：钱玉玲　　审核：周淑娟　　制单：李梅雪

表 4.51 付款凭证

凭证字：银付

贷方科目：银行存款　　　　20＊4 年 12 月 30 日　　　　凭证号：12

摘要	借方总账科目	明细科目	借方金额										记账符号
			千	百	十	万	千	百	十	元	角	分	
支付办公用品费	管理费用							3	9	0	0	0	
	应交税费	应交增值税（进项税额）							5	0	7	0	
合　计							¥	4	4	0	7	0	

附单据 2 张

会计主管：　　记账：　　出纳：钱玉玲　　审核：周淑娟　　制单：李梅雪

表 4.52　付款凭证

凭证字：银付

贷方科目：银行存款　　　　　　20＊4 年 12 月 30 日　　　　　　凭证号：13

摘　要	借方总账科目	明细科目	借方金额										记账符号
			千	百	十	万	千	百	十	元	角	分	
支付邮电费	管理费用	邮电费						1	4	0	0	0	
	应交税费	应交增值税（进项税额）							1	2	6	0	
合　计							¥	1	5	2	6	0	

附单据 3 张

会计主管：　　　记账：　　　出纳：钱玉玲　　　审核：周淑娟　　　制单：李梅雪

表 4.53　付款凭证

凭证字：银付

贷方科目：银行存款　　　　　　20＊4 年 12 月 30 日　　　　　　凭证号：14

摘　要	借方总账科目	明细科目	借方金额										记账符号
			千	百	十	万	千	百	十	元	角	分	
支付业务招待费	管理费用	业务招待费					1	0	6	0	0	0	
合　计						¥	1	0	6	0	0	0	

附单据 2 张

会计主管：　　　记账：　　　出纳：钱玉玲　　　审核：周淑娟　　　制单：李梅雪

表 4.54　付款凭证

凭证字：银付

贷方科目：银行存款　　　　20＊4 年 12 月 31 日　　　　凭证号：15

摘　要	借方总账科目	明细科目	借方金额										记账符号
			千	百	十	万	千	百	十	元	角	分	
支付广告费	销售费用	广告费					2	5	0	0	0	0	
	应交税费	应交增值税（进项税额）						1	5	0	0	0	
合　计						¥	2	6	5	0	0	0	

附单据 4 张

会计主管：　　记账：　　出纳：钱玉玲　　审核：周淑娟　　制单：李梅雪

表 4.55　转账凭证

凭证字：转

20＊4 年 12 月 2 日　　　　凭证号：1

摘　要	总账科目	明细科目	借方金额										贷方金额										记账符号
			千	百	十	万	千	百	十	元	角	分	千	百	十	万	千	百	十	元	角	分	
刘明报销差旅费	管理费用	差旅费						2	2	0	0	0											
	其他应收款	刘明																2	2	0	0	0	
合　计							¥	2	2	0	0	0					¥	2	2	0	0	0	

附单据 2 张

会计主管：　　记账：　　审核：周淑娟　　制单：李梅雪

表 4.56 转账凭证

凭证字：转

20＊4 年 12 月 2 日　　凭证号：2

摘要	总账科目	明细科目	借方金额										贷方金额										记账符号
			千	百	十	万	千	百	十	元	角	分	千	百	十	万	千	百	十	元	角	分	
收到投资设备一台	固定资产	机器设备				2	5	0	0	0	0	0											
	应交税费	应交增值税（进项税额）					3	2	5	0	0	0											
	实收资本															2	8	2	5	0	0	0	
合计					¥	2	8	2	5	0	0	0			¥	2	8	2	5	0	0	0	

附单据 4 张

会计主管：　　记账：　　审核：周淑娟　　制单：李梅雪

表 4.57 转账凭证

凭证字：转

20＊4 年 12 月 4 日　　凭证号：3

摘要	总账科目	明细科目	借方金额										贷方金额										记账符号
			千	百	十	万	千	百	十	元	角	分	千	百	十	万	千	百	十	元	角	分	
安装设备耗用材料	在建工程	A 设备						1	5	0	0	0											
	原材料	甲材料																1	5	0	0	0	
合计							¥	1	5	0	0	0					¥	1	5	0	0	0	

附单据 2 张

会计主管：　　记账：　　审核：周淑娟　　制单：李梅雪

表 4.58 转账凭证

凭证字：转

20＊4 年 12 月 5 日　　　　凭证号：4

摘要	总账科目	明细科目	借方金额										贷方金额										记账符号
			千	百	十	万	千	百	十	元	角	分	千	百	十	万	千	百	十	元	角	分	
A 设备安装完毕并交付使用	固定资产	A 设备				2	4	2	5	0	0	0											
	在建工程	A 设备														2	4	2	5	0	0	0	
合计					¥	2	4	2	5	0	0	0			¥	2	4	2	5	0	0	0	

附单据 3 张

会计主管：　　记账：　　审核：周淑娟　　制单：李梅雪

表 4.59 转账凭证

凭证字：转

20＊4 年 12 月 6 日　　　　凭证号：5

摘要	总账科目	明细科目	借方金额										贷方金额										记账符号
			千	百	十	万	千	百	十	元	角	分	千	百	十	万	千	百	十	元	角	分	
购入甲材料，款项未付	材料采购	甲材料				4	3	2	0	0	0	0											
	应交税费	应交增值税（进项税额）					5	6	1	6	0	0											
	应付账款	丁公司														4	8	8	1	6	0	0	
合计					¥	4	8	8	1	6	0	0			¥	4	8	8	1	6	0	0	

附单据 3 张

会计主管：　　记账：　　审核：周淑娟　　制单：李梅雪

表 4.60　转账凭证

凭证字：转

20＊4 年 12 月 13 日　　　　凭证号：6

摘　要	总账科目	明细科目	借方金额										贷方金额										记账符号
			千	百	十	万	千	百	十	元	角	分	千	百	十	万	千	百	十	元	角	分	
甲材料结转入库	原材料	甲材料				5	5	1	0	0	0	0											
	材料采购	甲材料														5	5	1	0	0	0	0	
合　计					¥	5	5	1	0	0	0	0			¥	5	5	1	0	0	0	0	

附单据 2 张

会计主管：　　记账：　　审核：周淑娟　　制单：李梅雪

表 4.61　转账凭证

凭证字：转

20＊4 年 12 月 16 日　　　　凭证号：7

摘　要	总账科目	明细科目	借方金额										贷方金额										记账符号
			千	百	十	万	千	百	十	元	角	分	千	百	十	万	千	百	十	元	角	分	
产品生产耗用甲材料	生产成本	A 产品				4	2	9	0	0	0	0											
	原材料	甲材料														4	2	9	0	0	0	0	
合　计					¥	4	2	9	0	0	0	0			¥	4	2	9	0	0	0	0	

附单据 1 张

会计主管：　　记账：　　审核：周淑娟　　制单：李梅雪

表 4.62 转账凭证

凭证字：转

20＊4 年 12 月 18 日　　　　凭证号：8

摘要	总账科目	明细科目	借方金额										贷方金额										记账符号
			千	百	十	万	千	百	十	元	角	分	千	百	十	万	千	百	十	元	角	分	
赊销 N 公司 B 产品一批	应收账款	N 公司				3	3	9	0	0	0	0											
	主营业务收入	B 产品														3	0	0	0	0	0	0	
	应交税费	应交增值税（销项税额）															3	9	0	0	0	0	
合计					¥	3	3	9	0	0	0	0			¥	3	3	9	0	0	0	0	

附单据 3 张

会计主管：　　记账：　　审核：周淑娟　　制单：李梅雪

表 4.63 转账凭证

凭证字：转

20＊4 年 12 月 20 日　　　　凭证号：9

摘要	总账科目	明细科目	借方金额										贷方金额										记账符号
			千	百	十	万	千	百	十	元	角	分	千	百	十	万	千	百	十	元	角	分	
赊销 P 公司 A 产品一批	应收账款	P 公司				2	0	3	4	0	0	0											
	主营业务收入	A 产品														1	8	0	0	0	0	0	
	应交税费	应交增值税（销项税额）															2	3	4	0	0	0	
合计					¥	2	0	3	4	0	0	0			¥	2	0	3	4	0	0	0	

附单据 3 张

会计主管：　　记账：　　审核：周淑娟　　制单：李梅雪

表 4.64　转账凭证

凭证字：转

20＊4 年 12 月 23 日　　凭证号：10

摘要	总账科目	明细科目	借方金额										贷方金额										记账符号
			千	百	十	万	千	百	十	元	角	分	千	百	十	万	千	百	十	元	角	分	
赊销凤鸣公司材料一批	应收账款	凤鸣公司					2	8	2	5	0	0											
	其他业务收入	材料销售															2	5	0	0	0	0	
	应交税费	应交增值税（销售税额）																3	2	5	0	0	
合计						¥	2	8	2	5	0	0				¥	2	8	2	5	0	0	

附单据 3 张

会计主管：　　记账：　　审核：周淑娟　　制单：李梅雪

表 4.65　转账凭证

凭证字：转

20＊4 年 12 月 23 日　　凭证号：11

摘要	总账科目	明细科目	借方金额										贷方金额										记账符号
			千	百	十	万	千	百	十	元	角	分	千	百	十	万	千	百	十	元	角	分	
结转让售材料成本	其他业务成本						2	2	0	0	0	0											
	原材料	甲材料															2	2	0	0	0	0	
合计						¥	2	2	0	0	0	0				¥	2	2	0	0	0	0	

附单据 2 张

会计主管：　　记账：　　审核：周淑娟　　制单：李梅雪

表 4.66　转账凭证

凭证字：转

20＊4 年 12 月 24 日　　　　凭证号：12

摘　要	总账科目	明细科目	借方金额										贷方金额										记账符号
			千	百	十	万	千	百	十	元	角	分	千	百	十	万	千	百	十	元	角	分	
其他单位应付款现无法支付	其他应付款	华仁集团						5	0	0	0	0											
	营业外收入																	5	0	0	0	0	
合　计							¥	5	0	0	0	0					¥	5	0	0	0	0	

附单据 2 张

会计主管：　　　记账：　　　审核：周淑娟　　　制单：李梅雪

表 4.67　转账凭证

凭证字：转

20＊4 年 12 月 24 日　　　　凭证号：13

摘　要	总账科目	明细科目	借方金额										贷方金额										记账符号
			千	百	十	万	千	百	十	元	角	分	千	百	十	万	千	百	十	元	角	分	
结转固定资产清理净损失	营业外支出							5	0	0	0	0											
	固定资产清理																	5	0	0	0	0	
合　计							¥	5	0	0	0	0					¥	5	0	0	0	0	

附单据 3 张

会计主管：　　　记账：　　　审核：周淑娟　　　制单：李梅雪

表 4.68　转账凭证

凭证字：转

20＊4 年 12 月 26 日　　凭证号：14

摘　要	总账科目	明细科目	借方金额										贷方金额										记账符号
			千	百	十	万	千	百	十	元	角	分	千	百	十	万	千	百	十	元	角	分	
结算本月生产工人工资	生产成本	A 产品				1	9	6	0	0	0	0											
	应付职工薪酬	工资														1	9	6	0	0	0	0	
合　计					¥	1	9	6	0	0	0	0			¥	1	9	6	0	0	0	0	

附单据 1 张

会计主管：　　记账：　　审核：周淑娟　　制单：李梅雪

表 4.69　转账凭证

凭证字：转

20＊4 年 12 月 31 日　　凭证号：15

摘　要	总账科目	明细科目	借方金额										贷方金额										记账符号
			千	百	十	万	千	百	十	元	角	分	千	百	十	万	千	百	十	元	角	分	
应计利息费用	财务费用	利息支出					5	0	0	0	0	0											
	应付利息																5	0	0	0	0	0	
合　计						¥	5	0	0	0	0	0				¥	5	0	0	0	0	0	

附单据 1 张

会计主管：　　记账：　　审核：周淑娟　　制单：李梅雪

表 4.70　转账凭证

凭证字：转

20＊4 年 12 月 31 日　　　　凭证号：16

摘　要	总账科目	明细科目	借方金额										贷方金额										记账符号
			千	百	十	万	千	百	十	元	角	分	千	百	十	万	千	百	十	元	角	分	
应计利息收入	应收利息						3	0	0	0	0	0											
	财务费用																3	0	0	0	0	0	
合　计						¥	3	0	0	0	0	0				¥	3	0	0	0	0	0	

附单据 1 张

会计主管：　　记账：　　审核：周淑娟　　制单：李梅雪

表 4.71　转账凭证

凭证字：转

20＊4 年 12 月 31 日　　　　凭证号：17

摘　要	总账科目	明细科目	借方金额										贷方金额										记账符号
			千	百	十	万	千	百	十	元	角	分	千	百	十	万	千	百	十	元	角	分	
摊销财产保险费和报刊费	管理费用						1	5	0	0	0	0											
	预付账款																1	5	0	0	0	0	
合　计						¥	1	5	0	0	0	0				¥	1	5	0	0	0	0	

附单据 1 张

会计主管：　　记账：　　审核：周淑娟　　制单：李梅雪

表 4.72 转账凭证

凭证字：转

20 * 4 年 12 月 31 日　　　　凭证号：18

摘要	总账科目	明细科目	借方金额										贷方金额										记账符号
			千	百	十	万	千	百	十	元	角	分	千	百	十	万	千	百	十	元	角	分	
结转销售产品成本	主营业务成本					5	4	5	0	0	0	0											
	库存商品															5	4	5	0	0	0	0	
合计					¥	5	4	5	0	0	0	0			¥	5	4	5	0	0	0	0	

附单据 2 张

会计主管：　　记账：　　审核：周淑娟　　制单：李梅雪

表 4.73 转账凭证

凭证字：转

20 * 4 年 12 月 31 日　　　　凭证号：19

摘要	总账科目	明细科目	借方金额										贷方金额										记账符号
			千	百	十	万	千	百	十	元	角	分	千	百	十	万	千	百	十	元	角	分	
结转本月的各种收入	主营业务收入					9	3	0	0	0	0	0											
	其他业务收入						2	5	0	0	0	0											
	营业外收入							5	0	0	0	0											
	本年利润															9	6	0	0	0	0	0	
合计					¥	9	6	0	0	0	0	0			¥	9	6	0	0	0	0	0	

附单据 张

会计主管：　　记账：　　审核：周淑娟　　制单：李梅雪

表 4.74 转账凭证

凭证字：转

20＊4 年 12 月 31 日　　凭证号：20 $\frac{1}{2}$

摘要	总账科目	明细科目	借方金额										贷方金额										记账符号
			千	百	十	万	千	百	十	元	角	分	千	百	十	万	千	百	十	元	角	分	
结转本月的各种成本费用	本年利润					7	0	4	1	0	0	0											
	主营业务成本															5	4	5	0	0	0	0	
	其他业务成本																2	2	0	0	0	0	
	销售费用																5	8	0	0	0	0	
	管理费用																3	3	1	0	0	0	
合　计					¥	7	0	4	1	0	0	0			¥	6	5	8	1	0	0	0	

附单据　张

会计主管：　　记账：　　审核：周淑娟　　制单：李梅雪

表 4.75 转账凭证

凭证字：转

20＊4 年 12 月 31 日　　凭证号：20 $\frac{2}{2}$

摘要	总账科目	明细科目	借方金额										贷方金额										记账符号
			千	百	十	万	千	百	十	元	角	分	千	百	十	万	千	百	十	元	角	分	
	财务费用																2	1	0	0	0	0	
	营业外支出																2	5	0	0	0	0	
合　计					¥	7	0	4	1	0	0	0				¥	4	6	0	0	0	0	

附单据　张

会计主管：　　记账：　　审核：周淑娟　　制单：李梅雪

实训要求

根据实训资料填制汇总记账凭证（表 4.76～表 4.84），本实训需要汇总收款凭证 2 张、汇总付款凭证 4 张、汇总转账凭证 22 张（已提供模版，可自行复印）。

表 4.76 汇总收款凭证

借方科目： 年 月 汇收 第 号

贷方科目	金额																																								过账
	1—10 日										11—20 日										21—31 日										合计										
	千	百	十	万	千	百	十	元	角	分	千	百	十	万	千	百	十	元	角	分	千	百	十	万	千	百	十	元	角	分	千	百	十	万	千	百	十	元	角	分	
合 计																																									

表 4.77 汇总收款凭证

借方科目： 年 月 汇收 第 号

贷方科目	金额																																								过账
	1—10 日										11—20 日										21—31 日										合计										
	千	百	十	万	千	百	十	元	角	分	千	百	十	万	千	百	十	元	角	分	千	百	十	万	千	百	十	元	角	分	千	百	十	万	千	百	十	元	角	分	
合 计																																									

表 4.78　汇总付款凭证

贷方科目：　　　　　　　　　　　　年　　月　　　　　　　　　　　汇付　第　　号

借方科目	金额																																								过账
	1—10日										11—20日										21—31日										合计										
	千	百	十	万	千	百	十	元	角	分	千	百	十	万	千	百	十	元	角	分	千	百	十	万	千	百	十	元	角	分	千	百	十	万	千	百	十	元	角	分	
合　计																																									

表 4.79　汇总付款凭证

贷方科目：　　　　　　　　　　　　年　　月　　　　　　　　　　　汇付　第　　号

借方科目	金额																																								过账
	1—10日										11—20日										21—31日										合计										
	千	百	十	万	千	百	十	元	角	分	千	百	十	万	千	百	十	元	角	分	千	百	十	万	千	百	十	元	角	分	千	百	十	万	千	百	十	元	角	分	
合　计																																									

表 4.80　汇总付款凭证

贷方科目：　　　　　　　　　　年　　月　　　　　　　　　　汇付　第　　号

借方科目	金额																																								过账
	1—10日										11—20日										21—31日										合计										
	千	百	十	万	千	百	十	元	角	分	千	百	十	万	千	百	十	元	角	分	千	百	十	万	千	百	十	元	角	分	千	百	十	万	千	百	十	元	角	分	
合　计																																									

表 4.81　汇总付款凭证

贷方科目：　　　　　　　　　　年　　月　　　　　　　　　　汇付　第　　号

借方科目	金额																																								过账
	1—10日										11—20日										21—31日										合计										
	千	百	十	万	千	百	十	元	角	分	千	百	十	万	千	百	十	元	角	分	千	百	十	万	千	百	十	元	角	分	千	百	十	万	千	百	十	元	角	分	
合　计																																									

表 4.82 汇总转账凭证

贷方科目：　　　　　　　　　　　年　　月　　　　　　　　　　　汇转　第　　号

借方科目	金额																																								过账
	1—10 日										11—20 日										21—31 日										合计										
	千	百	十	万	千	百	十	元	角	分	千	百	十	万	千	百	十	元	角	分	千	百	十	万	千	百	十	元	角	分	千	百	十	万	千	百	十	元	角	分	
合　计																																									

表 4.83 汇总转账凭证

贷方科目：　　　　　　　　　　　年　　月　　　　　　　　　　　汇转　第　　号

借方科目	金额																																								过账
	1—10 日										11—20 日										21—31 日										合计										
	千	百	十	万	千	百	十	元	角	分	千	百	十	万	千	百	十	元	角	分	千	百	十	万	千	百	十	元	角	分	千	百	十	万	千	百	十	元	角	分	
合　计																																									

表 4.84 汇总转账凭证

贷方科目：　　　　　　　　　　　年　　月　　　　　　　　　　　汇转　第　　号

借方科目	金额																																								过账
	1—10 日										11—20 日										21—31 日										合计										
	千	百	十	万	千	百	十	元	角	分	千	百	十	万	千	百	十	元	角	分	千	百	十	万	千	百	十	元	角	分	千	百	十	万	千	百	十	元	角	分	
合　计																																									

任务六　记账凭证审核训练

实训目的

(1) 熟悉记账凭证审核的基本内容;
(2) 掌握记账凭证审核的要点与方法。

实训时间

完成本次实训需1学时。

实训背景

巢湖市华宇有限责任公司是一家生产车床、铣床、磨床等机床设备的大型机械设备生产商。公司人事基本情况:法人代表是马清秋,财务负责人是薛易,会计是刘明,出纳是钱玉玲,稽核是周淑娟,销售部长是周国强,车间主任是商凯,仓库主管是申兰,仓库保管员(发料人)是王峰,生产领料是沙宝。公司设有一个基本存款户,开户行为巢湖市工行巢湖路支行,单位账号:5021070005893;一个一般存款户,银行名称:中国银行健康路支行,开户账号:34260106045001。

实训用品

被审核的部分记账凭证及所附的原始凭证。

实训资料

第一笔经济业务:将现金存入银行存款户(表4.85、图4.16)。

表 4.85　收款凭证

凭证字：银收

借方科目：银行存款　　　　20＊4 年 8 月 12 日　　　　凭证号：20

摘　要	贷方总账科目	明细科目	贷方金额										记账符号
			千	百	十	万	千	百	十	元	角	分	
存入现金	现金						3	0	0	0	0	0	
		人民币户					3	0	0	0	0	0	
合　计						¥	6	0	0	0	0	0	

附单据 1 张

会计主管：　　　记账：　　　出纳：　　　审核：　　　制单：

现金缴款单位(回单)

缴款日期：　　　　20＊4 年 8 月 5 日　　　　编号：

收款单位	全　称	巢湖市华宇有限责任公司		
	开户银行	巢湖市工行巢湖路支行	账　号	5021070005893
款项来源		零星销货款	交款单位	巢湖市华宇有限责任公司

人民币（大写）	叁仟元整	千	百	十	万	千	百	十	元	角	分
					¥	3	0	0	0	0	0

备注：

中国工商银行股份有限公司巢湖 巢湖路支行 20＊4.12.26 业务办讫章（01） 朱芳芳

交款单位签章　　　　收款：林方静　　　　复核：

图 4.16　现金缴款单

第二笔经济业务：企业对原材料采用计划成本去核算，购入材料，尚未到达（表 4.86、表 4.87、图 4.17～图 4.19）。

表 4.86　付款凭证

凭证字：银付

贷方科目：银行存款　　　　20＊4 年 8 月 10 日　　　　凭证号：25

摘　要	借方总账科目	明细科目	借方金额										记账符号
			千	百	十	万	千	百	十	元	角	分	
购入钢管	材料采购	钢管				6	3	5	2	5	0	0	
	应交税费	应交增值税（进项税额）					8	2	5	8	2	5	
合　计					¥	7	1	7	8	3	2	5	

附单据　张

会计主管：　　　记账：　　　出纳：　　　审核：　　　制单：

表 4.87　转账凭证

凭证字：转

20＊4 年 8 月 10 日　　　　凭证号：4

摘要	总账科目	明细科目	借方金额										贷方金额										记账符号
			千	百	十	万	千	百	十	元	角	分	千	百	十	万	千	百	十	元	角	分	
结转入库钢管实际成本	材料采购	钢管				6	3	5	2	5	0	0											
	原材料	钢管														6	3	5	2	5	0	0	
合计																							

附单据　张

会计主管：　　记账：　　审核：　　制单

托收凭证（支款通知）　5

20*4年8月5日				托收号码：090805	
业务类型	委托收款(☐邮划、☑电划)			托收承付(☐邮划、☐电划)	
付款人 全称	巢湖华宇有限责任公司		收款人 全称	苏州乡镇钢管厂	
付款人 账号	5021070005893		收款人 账号	3005400028171256	
付款人 地址	安徽省巢湖 市/县	开户行 工行巢湖路支行	收款人 地址	江苏省苏州 市/县	开户行 苏州工行人民路支行
金额	人民币(大写) 柒万叁仟陆佰玖拾元柒角伍分			亿千百十万千百十元角分	¥ 7 3 6 9 0 7 5
款项内容	货款	托收凭据名称	发票、运费发票	附寄单证张数	2
商品发运情况	已发送			合同名称号码	购销合同CH123
备注： 复核　　记账			付款单位开户银行盖章 中国工商银行股份有限公司巢湖路支行 20*4.08.05 转讫 20*4年8月5日		

此联付款人开户行交付款人作支款通知

2022)10×17.5公分交15角直印刷

图 4.17　托收承付凭证

江苏省增值税专用发票

发票联

No.11398756

开票日期：20*40801

购买方	名称：巢湖华宇有限责任公司 纳税人识别号：14012846987200123F 地址、电话：巢湖市北大街0551-82312226 开户行及账号：巢湖市工行巢湖路支行5021070005893	密码区	67/*+3*0/611*++0/+0*/*+3+2/9* 11*+66666**066611*+66666* 1**+216***6000*261*2*4/*547 203994+-42*64151*6915361/6*

货物或应税劳务、服务名称	规格型号	单位	数量	单价	金额	税率	税额
*运输服务*运费					1750.00	9%	157.50
合　计					¥1750.01		¥157.50
价税合计(大写)	⊗壹仟玖佰零柒元伍角				(小写)¥1907.5		

销售方	名称：苏州宏达运输公司 纳税人识别号：14012852348167236B 地址、电话：苏州市人民路568号 0512-47856012 开户行及账号：苏州市工行人民路支行 5021070007201	备注	钢管 苏州宏达运输公司 14012852348167236B 发票专用章

收款人：　　复核：　　开票人：王芳　　销售方：(章)

国税函〔2024〕257号溧阳市鑫宇印务印钞

第三联　发票联　购买方记账凭证

图 4.18　铁路局杂费专用发票

江苏省增值税专用发票

发票联

No.00652149

开票日期：20*40801

购买方	名称：巢湖华宇有限责任公司 纳税人识别号：14012846987200123F 地址、电话：巢湖市北大街0551-82312226 开户行及账号：巢湖市工行巢湖路支行5021070005893	密码区	03455/*+3*0/611*++0/+0*/*+3+2 /9*11*+66666**0006611*+66666* 1**+216***6000*261*2*4/*547 203994+-42*64151*35%3/2356*

货物或应税劳务、服务名称	规格型号	单位	数量	单价	金额	税率	税额
钢管	HK30	吨	15	4235	63525.00	13%	8258.25
合　计					¥63525.00		8258.25
价税合计(大写)	⊗柒万壹仟柒佰捌拾叁元贰角伍分				(小写)¥71783.25		

销售方	名称：苏州乡镇钢管厂 纳税人识别号：9482129507846 地址、电话：苏州市人民路541号 0512-48937042 开户行及账号：苏州市工行人民路支行　3005400028171256	备注	苏州乡镇钢管厂 9482129507846 发票专用章

收款人：　　复核：　　开票人：张燕　　销售方：(章)

国税函〔2024〕257号溧阳市鑫宇印务印钞

第三联　发票联　购买方记账凭证

图 4.19　增值税专用发票

第三笔经济业务：分配结转应付本月电费(表 4.88、表 4.89)。

表 4.88　转账凭证

凭证字：转

20＊4 年 8 月 31 日　　　　凭证号：72

摘　要	总账科目	明细科目	借方金额										贷方金额										记账符号
			千	百	十	万	千	百	十	元	角	分	千	百	十	万	千	百	十	元	角	分	
分配结转本月应付电费	生产成本					1	2	6	0	0	0	0											
		燃料动力费				1	2	0	0	0	0	0											
		制造费用						6	0	0	0	0											
	管理费用	水电费					1	8	0	0	0	0											
	应付账款	电费															1	4	4	0	0	0	
合　计																							

附单据 1 张

会计主管：　　　　记账：　　　　审核：　　　　制单：

表 4.89　应付电费分配表

20＊4 年 8 月 31 日　　　　单位：元

分配对象		分配标准(机器工时)	分配率	耗电度数	单价	金额
生产产品耗用	百叶窗	14 000	0.50			7 000
	风机	10 000	0.50			5 000
	小计	24 000	0.50	40 000	0.3	12 000
车间一般耗用				2 000	0.3	600
厂部一般耗用				6 000	0.3	1 800
合　计				48 000	0.3	14 400

财务主管：薛易　　　　审核：刘明　　　　制表：刘明

第四笔经济业务：计提本月职工教育经费(表 4.90、表 4.91)。

表 4.90　转账凭证

凭证字：转

20＊4年8月31日　　　　凭证号：80

摘　要	总账科目	明细科目	借方金额										贷方金额										记账符号
			千	百	十	万	千	百	十	元	角	分	千	百	十	万	千	百	十	元	角	分	
计提本月应付职工福利费	生产成本	百叶窗					5	6	0	0	0	0											
		风机					2	4	0	0	0	0											
	制造费用							6	4	0	0	0											
	管理费用						1	2	0	0	0	0											
	应付职工薪酬	职工教育经费														1	0	2	4	0	0	0	
合　计																							

附单据1张

会计主管：　　　记账：　　　审核：　　　制单：

表 4.91　应付福利费计提表

20＊4年8月31日　　　　单位：元

车间部门		工资总额	计提比率	计提金额
生产工人	生产百叶窗工人	70 000	8%	5 600
	生产风机工人	30 000	8%	2 400
	小计	100 000	8%	8 000
生产管理人员		8 000	8%	640
厂部管理人员		15 000	8%	1 200
专设销售机构人员		5 000	8%	400
合　计		128 000	8%	10 240

财务主管：薛易　　　审核：刘明　　　制表：刘明

实训要求

根据实训资料指出相应记账凭证的填制错误。

任务七　凭证整理与装订训练

实训目的

(1) 熟悉会计凭证的日常保管、装订、归档保管等内容；

(2) 掌握会计凭证的分类、编号、装订成册的操作技能。

实训时间

完成本次实训需 1 学时。

实训用品

装订会计凭证的封面、封底若干张,线绳,胶水,剪刀、打孔器(或装订机)等。

实训资料

装订项目四中任务二收款凭证的任务三付款凭证。

实训要求

将记账凭证和汇总记账凭证装订成册。

实训步骤:

1. 前期准备

检查凭证完整性:确保所有凭证已审核签章,附件齐全,按日期或编号排序。

对实务中涉及原始凭证过大需折叠整理:超规格附件(如 A4 纸)需折叠至与凭证同尺寸(推荐尺寸:21 cm×14 cm)。

2. 装订操作

(1) 打孔定位:在凭证左侧均匀打 2～3 孔,孔距边缘 1.5 cm。

(2) 线绳装订:采用“两孔一线”或“三孔一线”法,线结需隐藏在凭证背面,松紧适中,禁止覆盖凭证内容。

(3) 封面、封底:封面信息填写完整(单位名称、期间、册数、装订人签章),封底加贴封条并盖章(表 4.92)。

3. 归档管理

装订后凭证需放入专用档案盒,盒脊标注“××年度×月－凭证类型－册号”。

移交档案室时需填写“会计档案交接登记表”,明确保管期限。推出凭证时要填写“抽出凭证登记表”(表 4.93)

表 4.92　会计凭证封面

单位名称							
凭证类别	□收款凭证　□转账凭证　□付款凭证　□通用凭证						
起止日期	自　年　月　日 至　年　月　日						
凭证册数	本月共　册　本册是第　册						
凭证号数	木月共　号　本册自第　号至第　号						
全 宗 号		目录号		案卷号		保管号	
财务主管		经办会计		装订人		保管年限	年

表 4.93　抽出凭证登记表

抽出日用	抽出凭证详细信息	抽出理由	抽取人盖章	会计主管盖章	归还日期	备注

项目五　各类账表的编制

实训目标

(1) 能熟练地编制“总分类账户发生额及余额试算平衡表”；
(2) 能熟练掌握科目汇总表的编制；
(3) 能正确地核对未达账项,并编制“银行存款余额调节表”。

任务一　试算平衡表编制训练

实训目的

能熟练地编制“总分类账户发生额及余额试算平衡表”。

实训用品

(1) T 型账户若干；
(2) 总分类账户发生额及余额试算平衡表 1 张。

实训时间

完成本次实训需 2 学时。

实训资料

(1) 光华公司 20*4 年 4 月 1 日的总账账户余额如表 5.1 所示。

表 5.1

单位:元

账户名称	借方余额	贷方余额
库存现金	4 500	
银行存款	252 000	
应收账款	68 000	
原材料	45 000	
库存商品	60 000	
固定资产	700 000	
短期借款		200 000
其他应付款		7 500
累计折旧		70 000
应交税费		17 000
实收资本		730 000
盈余公积		70 000
利润分配		35 000
合　计	1 129 500	1 129 500

(2) 光华公司 4 月份发生如表 5.2 所示的经济业务(用会计分录表示),为简化会计处理,本例中分录明细科目均未列示。

表 5.2

单位:元

凭证字号	日期	摘　　要	总账科目	借方金额	贷方金额
记字 1 号	4.1	提现	库存现金	2 500	
			银行存款		2 500
记字 2 号	4.3	办公室购买办公用品	管理费用	258	
			库存现金		258
记字 3 号	4.3	采购员李民预借差旅费	其他应收款	2 000	
			库存现金		2 000
记字 4 号	4.6	从国风公司购进甲材料 12 000 千克(5 元/千克),验收入库,转账支票支付	原材料	60 000	
			应交税费	7 800	
			银行存款		67 800
记字 5 号	4.6	提现	库存现金	45 600	
			银行存款		45 600
记字 6 号	4.6	发放本月职工工资	应付职工薪酬	45 600	
			库存现金		45 600

续表

序号	日期	摘　　要	总账科目	借方金额	贷方金额
记字7号	4.6	销售给宝山集团A产品40台(2 000元/台),货款及增值税已办妥托收手续	应收账款	90 400	
			主营业务收入		80 000
			应交税费		10 400
记字8号	4.7	收到四通公司投入企业资本金	银行存款	80 000	
			实收资本		80 000
记字9号	4.8	李民报销差旅费	管理费用	1 730	
			库存现金	270	
			其他应收款		2 000
记字10号	4.10	从汇丰厂购入乙材料20 000千克(3.5元/千克),款项已汇出,材料验收入库	原材料	70 000	
			应交税费	9 100	
			银行存款		79 100
记字11号	4.11	收到东风公司偿还前欠货款	银行存款	58 000	
			应收账款		58 000
记字12号	4.15	向工商银行借入期限为6个月的借款	银行存款	100 000	
			短期借款		100 000
记字13号	4.18	购设备一台,价款及增值税转账支票支付	固定资产	30 000	
			应交税费	3 900	
			银行存款		33 900
记字14号	4.18	转账支票支付销售A产品广告费	销售费用	2 680	
			银行存款		2 680
记字15号	4.22	生产A产品领用甲材料7 000千克、乙材料5 000千克,生产车间一般耗用领用甲材料500千克,行政部门领用乙材料400千克。甲材料5元/千克,乙材料3.5元/千克	生产成本	52 500	
			制造费用	2 500	
			管理费用	1 400	
			原材料		56 400
记字16号	4.26	收到宝山集团偿还前欠货款	银行存款	93 600	
			应收账款		93 600
记字17号	4.30	分配结转本月职工工资	生产成本	24 000	
			制造费用	9 600	
			管理费用	6 400	
			应付职工薪酬		40 000

续表

序号	日期	摘　　要	总账科目	借方金额	贷方金额
记字 18 号	4.30	按工资总额 2%和 8%计提工会经费和职工教育经费	生产成本	2 400	
			制造费用	960	
			管理费用	640	
			应付职工薪酬		4 000
记字 19 号	4.30	计提本月固定资产折旧费	制造费用	3 000	
			管理费用	2 000	
			累计折旧		5 000
记字 20 号	4.30	预提本月应负担的短期借款利息	财务费用	1 000	
			应付利息		1 000
记字 21 号	4.30	结转本月销售成本 A 产品 40 台(1 000 元/台)	主营业务成本	40 000	
			库存商品		40 000
记字 22 号	4.30	交纳本月增值税	应交税费	6 600	
			银行存款		6 600

实训要求

(1) 根据资料在 T 型账户中登记月初余额、本期发生额和期末余额；

(2) 编制总分类账户本期发生额及余额试算平衡表(表 5.3)。

借　　库存现金　　贷

借　　银行存款　　贷

借　　应收账款　　贷

借　　其他应收款　　贷

借	原材料	贷

借	库存商品	贷

借	生产成本	贷

借	制造费用	贷

借	固定资产	贷

借	累计折旧	贷

借	短期借款	贷

借	应交税费	贷

借	应付职工薪酬	贷

借	应付利息	贷

借	其他应付款	贷

借	实收资本	贷

借	盈余公积	贷

借	利润分配	贷

借	主营业务收入	贷

借	主营业务成本	贷

借	销售费用	贷

借	管理费用	贷

借	财务费用	贷

表 5.3 总分类账户发生额及余额试算平衡表

20＊4 年 4 月 30 日　　　　单位:元

账户名称	期初余额		本期发生额		期末余额	
	借方	贷方	借方	贷方	借方	贷方
合　计						

任务二　科目汇总表编制训练

实训目的

能熟练地编制科目汇总表。

实训用品

科目汇总表 1 张。

实训时间

完成本次实训需 2 学时。

实训资料

光华公司 4 月份发生如表 5.4 所示的经济业务(用会计分录表示)。

表 5.4

单位:元

凭证字号	日　期	摘　　要	总账科目	借方金额	贷方金额
记字 1 号	4.1	提现	库存现金	2 500	
			银行存款		2 500
记字 2 号	4.3	办公室购买办公用品	管理费用	258	
			库存现金		258
记字 3 号	4.3	采购员李民预借差旅费	其他应收款	2 000	
			库存现金		2 000
记字 4 号	4.6	从国风公司购进甲材料 12 000 千克(5 元/千克),验收入库,转账支票支付	原材料	60 000	
			应交税费	7 800	
			银行存款		67 800
记字 5 号	4.6	提现	库存现金	45 600	
			银行存款		45 600
记字 6 号	4.6	发放本月职工工资	应付职工薪酬	45 600	
			库存现金		45 600
记字 7 号	4.6	销售给宝山集团 A 产品 40 台(2 000 元/台),货款及增值税已办妥托收手续	应收账款	90 400	
			主营业务收入		80 000
			应交税费		10 400

续表

凭证字号	日期	摘　　要	总账科目	借方金额	贷方金额
记字 8 号	4.7	收到四通公司投入企业资本金	银行存款	80 000	
			实收资本		80 000
记字 9 号	4.8	李民报销差旅费	管理费用	1 730	
			库存现金	270	
			其他应收款		2 000
记字 10 号	4.10	从汇丰厂购入乙材料 20 000 千克(3.5 元/千克),款项已汇出,材料验收入库	原材料	70 000	
			应交税费	9 100	
			银行存款		79 100
记字 11 号	4.11	收到东风公司偿还前欠货款	银行存款	58 000	
			应收账款		58 000
记字 12 号	4.15	向工商银行借入期限为 6 个月的借款	银行存款	100 000	
			短期借款		100 000
记字 13 号	4.18	购设备一台,价款及增值税转账支票支付	固定资产	30 000	
			应交税费	3 900	
			银行存款		33 900
记字 14 号	4.18	转账支票支付销售 A 产品广告费	销售费用	2 680	
			银行存款		2 680
记字 15 号	4.22	生产 A 产品领用甲材料 7 000 千克、乙材料 5 000 千克,生产车间一般耗用领用甲材料 500 千克,行政部门领用乙材料 400 千克。甲材料 5 元/千克,乙材料 3.5 元/千克	生产成本	52 500	
			制造费用	2 500	
			管理费用	1 400	
			原材料		56 400
记字 16 号	4.26	收到宝山集团偿还前欠货款	银行存款	93 600	
			应收账款		93 600
记字 17 号	4.30	分配结转本月职工工资	生产成本	24 000	
			制造费用	9 600	
			管理费用	6 400	
			应付职工薪酬		40 000
记字 18 号	4.30	按工资总额 2%和 8%计提工会经费和职工教育经费	生产成本	2 400	
			制造费用	960	
			管理费用	640	
			应付职工薪酬		4 000
记字 19 号	4.30	计提本月固定资产折旧费	制造费用	3 000	
			管理费用	2 000	
			累计折旧		5 000
记字 20 号	4.30	预提本月应负担的短期借款利息	财务费用	1 000	
			应付利息		1 000
记字 21 号	4.30	结转本月销售成本 A 产品 40 台(1 000 元/台)	主营业务成本	40 000	
			库存商品		40 000
记字 22 号	4.30	交纳本月增值税	应交税费	6 600	
			银行存款		6 600

实训要求

编制科目汇总表5.5(每月汇总一次)。

表5.5　科目汇总表

20＊4年4月1日至4月30日　　单位:元

记账凭证:　　字第　　号至第　　号　　科汇字第　　号

会计科目	总账页数	记账	本期发生额	
			借方	贷方
合　计				

任务三　账户发生额与余额对照表编制训练

实训目的

掌握总分类账户与明细分类账户发生额及余额对照表的基本内容和编制方法。

实训用品

(1) 总分类账和明细分类账若干；
(2) 总分类账户与明细分类账户发生额及余额对照表 2 张；
(3) 记账凭证 4 张(自备)。

实训时间

完成本次实训需 2 学时。

实训资料

(1) 前进厂 20＊4 年 6 月份总分类账和明细分类账有关账户的月初余额如下：

"原材料"总分类账户为借方余额 70 000 元，其所属明细分类账的月初余额如表 5.6 所示。

表 5.6　原材料明细分类账的月初余额表

名　称	数量(吨)	单价(元/吨)	金额(元)
甲材料	80	500	40 000
乙材料	150	200	30 000
合　计			70 000

"应付账款" 总分类账户为贷方余额 50 000 元，其所属明细分类账的月初余额如表 5.7 所示。

表 5.7　应付账款明细分类账的月初余额表

明细账名称	金额(元)
向阳工厂	30 000
新乡工厂	20 000
合　计	50 000

(2) 假设 6 月份发生以下材料收发业务及与供应单位的结算业务(材料采用实际成本法核算)：

① 8 日，从向阳工厂购进甲材料 100 吨，单价 500 元/吨，计 50 000 元，增值税进项税额为 6 500 元，材料已验收入库，货款未付。

② 10 日，从新乡工厂购进乙材料 120 吨，单价 200 元/吨，计 24 000 元，增值税进项税额为 3 120 元，材料已验收入库，货款未付。

③ 16 日，仓库发出甲材料 150 吨，单价 500 元/吨，计 75 000 元；发出乙材料 200 吨，单价 200 元/吨，计 40 000 元。上述材料直接用于制造产品。

④ 25 日，通过银行结算偿还向阳工厂货款 60 000 元、新乡工厂货款 34 000 元，共计 94 000 元。

实训要求

(1) 根据资料开设“原材料”“应付账款”总分类账户与明细分类账户，登记月初余额。其中，本月记账凭证编号按业务发生的时间先后顺序从记字号 1 号、记字号 2 号向后顺序编号。

(2) 根据资料所列经济业务编制会计分录，并据以登记“原材料”和“应付账款”总分类账户与明细分类账户(其他账户从略)。

(3) 计算“原材料”和“应付账款”总分类账户与明细分类账户的本期发生额及月末余额，并编制总分类账户与明细分类账户发生额及余额对照表(表 5.8～表 5.15)。

表 5.8　总分类账户

账户名称：原材料

20 * 4 年		凭证编号	摘要	借方	贷方	借或贷	余额
月	日						
			本月合计				

表 5.9　总分类账户

账户名称：应付账款

20 * 4 年		凭证编号	摘要	借方	贷方	借或贷	余额
月	日						
			本月合计				

表 5.10 明细分类账户

账户名称:应付账款——向阳工厂

20*4年		凭证编号	摘要	借方	贷方	借或贷	余额
月	日						
			本月合计				

表 5.11 明细分类账户

账户名称:应付账款——新乡工厂

20*4年		凭证编号	摘要	借方	贷方	借或贷	余额
月	日						
			本月合计				

表 5.12 明细分类账户

账户名称:原材料——甲材料

20*4年		凭证编号	摘要	收入			发出			结存		
月	日			数量	单价	金额	数量	单价	金额	数量	单价	金额
			本月合计									

表 5.13 明细分类账户

账户名称:原材料——乙材料

20*4年		凭证编号	摘要	收入			发出			结存		
月	日			数量	单价	金额	数量	单价	金额	数量	单价	金额
			本月合计									

表 5.14　总分类账户与明细分类账户发生额及余额对照表 1

账户名称	月初余额		本月发生额		月末余额	
	借方	贷方	借方	贷方	借方	贷方

表 5.15　总分类账户与明细分类账户发生额及余额对照表 2

账户名称	月初余额		本月发生额		月末余额	
	借方	贷方	借方	贷方	借方	贷方

任务四　银行存款余额调节表编制训练

实训目的

能正确地核对未达账项，并编制“银行存款余额调节表”。

实训用品

银行存款余额调节表 1 张。

实训时间

完成本次实训需 1 学时。

实训资料

海通公司20＊4年4月28日—30日银行存款日记账及银行对账单如表5.16和表5.17所示(假定以前的记录是相符的)。

表5.16 银行存款日记账

种类:结算户存款　　　　账号:1301304000418　　第××页

20＊4年		凭证号码		对方科目	摘要	√	借方	贷方	余额
月	日	字	号						
					承前页				781 900
4	28	付	107	管理费用	开出转账支票6025支付水电费			1 868	780 032
	28	收	76	应收票据	收到委托银行代收前进工厂货款(0236)		150 000		930 032
	29	付	108	销售费用	开出转账支票6026支付广告费			1 480	928 552
	30	收	77	主营业务收入	销售产品收到的转账支票一张(0237)		65 800		994 352
	30	付	109	原材料	开出转账支票6027支付材料款			37 000	957 352
4	30				本月合计		略	略	957 352

表5.17 银行对账单

户名:海通公司　　　　账号:1301304000418

20＊4年		摘要	凭证号	借方	贷方	余额
月	日					
4	28	承前页				781 900
	28	转贷	0236		150 000	931 900
	29	转借	0036	36 000		895 900
	30	转贷	0667		48 000	943 900
	30	转借	6025	1 868		942 032
	30	转借	6026	1 480		940 552

实训要求

查明未达账项后编制“银行存款余额调节表”(表 5.18)。

表 5.18　银行存款余额调节表

年　　月　　日　　　　　　　　　　　　　　　　单位:元

项　目	金　额	项　目	金　额
企业银行存款日记账余额		银行对账单余额	
加:银行已收, 　企业未收		加:企业已收, 　银行未收	
减:银行已付, 　企业未付		减:企业已付, 　银行未付	
调节后的存款余额		调节后的存款余额	

项目六　账 簿 登 记

实训目标

(1) 能按要求正确及时地登记日记账;
(2) 能按要求正确及时地登记明细账;
(3) 能按要求正确规范地登记总账;
(4) 能熟练地进行结账与对账;
(5) 能结合企业实际情况选择相应的会计核算程序。

任务一　日记账登记训练

实训目的

(1) 了解现金日记账、银行存款日记账的格式;
(2) 明确现金日记账、银行存款日记账登记的依据;
(3) 掌握现金日记账、银行存款日记账的登记方法。

实训时间

完成本次实训需 2 学时。

实训用品

三栏式账页、多栏式账页、计算器、尺子、钢笔等。

实训资料

20*4 年 3 月 1 日,某企业库存现金、银行存款账户的期初借方余额分别为:库存现金 1 600 元,银行存款 85 000 元。3 月份发生的经济业务填制的记账凭证如表 6.1～表 6.16 所示。

表 6.1 付款凭证

凭证字：银付

贷方科目：银行存款　　　　20＊4 年 3 月 2 日　　　　凭证号：1

摘　　要	借方总账科目	明细科目	借方金额										记账符号
			千	百	十	万	千	百	十	元	角	分	
归还短期借款	短期借款					1	0	0	0	0	0	0	
合　　计					¥	1	0	0	0	0	0	0	

附单据 2 张

会计主管：　　记账：　　出纳：钱玉玲　　审核：周淑娟　　制单：李梅雪

表 6.2 付款凭证

凭证字：银付

贷方科目：银行存款　　　　20＊4 年 3 月 2 日　　　　凭证号：2

摘　　要	借方总账科目	明细科目	借方金额										记账符号
			千	百	十	万	千	百	十	元	角	分	
提现备用	库存现金						5	0	0	0	0	0	
合　　计						¥	5	0	0	0	0	0	

附单据 1 张

会计主管：　　记账：　　出纳：钱玉玲　　审核：周淑娟　　制单：李梅雪

表 6.3　收款凭证

凭证字：银收

借方科目：银行存款　　20＊4 年 3 月 3 日　　凭证号：1

摘　　要	贷方总账科目	明细科目	贷方金额										记账符号
			千	百	十	万	千	百	十	元	角	分	
应收账款收回	应收账款	云泽公司				3	0	0	0	0	0	0	
合　　计					¥	3	0	0	0	0	0	0	

附单据 1 张

会计主管：　　记账：　　出纳：钱玉玲　　审核：周淑娟　　制单：李梅雪

表 6.4　付款凭证

凭证字：银付

贷方科目：银行存款　　20＊4 年 3 月 5 日　　凭证号：3

摘　　要	借方总账科目	明细科目	借方金额										记账符号
			千	百	十	万	千	百	十	元	角	分	
偿付应付账款	应付账款	沿江公司				2	0	0	0	0	0	0	
合　　计					¥	2	0	0	0	0	0	0	

附单据 1 张

会计主管：　　记账：　　出纳：钱玉玲　　审核：周淑娟　　制单：李梅雪

表 6.5 收款凭证

凭证字：银收

借方科目：银行存款　　　　20＊4 年 3 月 6 日　　　　凭证号：2

摘　要	贷方总账科目	明细科目	贷方金额										记账符号
			千	百	十	万	千	百	十	元	角	分	
销售甲产品	主营业务收入	甲产品				1	0	0	0	0	0	0	
	应交税费	应交增值税（销项税额）					1	3	0	0	0	0	
合　计					¥	1	1	3	0	0	0	0	

附单据 3 张

会计主管：　　记账：　　出纳：钱玉玲　　审核：周淑娟　　制单：李梅雪

表 6.6 付款凭证

凭证字：现付

贷方科目：库存现金　　　　20＊4 年 3 月 7 日　　　　凭证号：1

摘　要	借方总账科目	明细科目	借方金额										记账符号
			千	百	十	万	千	百	十	元	角	分	
存现	银行存款						1	0	0	0	0	0	
合　计						¥	1	0	0	0	0	0	

附单据 1 张

会计主管：　　记账：　　出纳：钱玉玲　　审核：周淑娟　　制单：李梅雪

表 6.7　付款凭证

凭证字：银付

贷方科目：银行存款　　20＊4 年 3 月 10 日　　凭证号：4

摘　要	借方总账科目	明细科目	借方金额										记账符号
			千	百	十	万	千	百	十	元	角	分	
购买材料	在途物资	A 材料				2	0	0	0	0	0	0	
	应交税费	应交增值税（进项税额）					2	6	0	0	0	0	
合　计					¥	2	2	6	0	0	0	0	

附单据 3 张

会计主管：　　记账：　　出纳：钱玉玲　　审核：周淑娟　　制单：李梅雪

表 6.8　付款凭证

凭证字：现付

贷方科目：库存现金　　20＊4 年 3 月 12 日　　凭证号：2

摘　要	借方总账科目	明细科目	借方金额										记账符号
			千	百	十	万	千	百	十	元	角	分	
预借差旅费	其他应收款	李华						8	0	0	0	0	
合　计							¥	8	0	0	0	0	

附单据 2 张

会计主管：　　记账：　　出纳：钱玉玲　　审核：周淑娟　　制单：李梅雪

表 6.9　付款凭证

凭证字：银付

贷方科目：银行存款　　　　20＊4 年 3 月 12 日　　　　凭证号：5

摘　　要	借方总账科目	明细科目	借方金额										记账符号
			千	百	十	万	千	百	十	元	角	分	
提现备发工资	库存现金					4	5	0	0	0	0	0	
合　　计					¥	4	5	0	0	0	0	0	

附单据 1 张

会计主管：　　记账：　　出纳：钱玉玲　　审核：周淑娟　　制单：李梅雪

表 6.10　付款凭证

凭证字：现付

贷方科目：库存现金　　　　20＊4 年 3 月 12 日　　　　凭证号：3

摘　　要	借方总账科目	明细科目	借方金额										记账符号
			千	百	十	万	千	百	十	元	角	分	
发放工资	应付职工薪酬	工资				4	5	0	0	0	0	0	
合　　计					¥	4	5	0	0	0	0	0	

附单据 2 张

会计主管：　　记账：　　出纳：钱玉玲　　审核：周淑娟　　制单：李梅雪

表 6.11　收款凭证

凭证字：现收

借方科目：库存现金　　20＊4 年 3 月 15 日　　凭证号：1

摘　要	贷方总账科目	明细科目	贷方金额										记账符号
			千	百	十	万	千	百	十	元	角	分	
报销退回现金	其他应收款	李华						1	2	0	0	0	
合　计							¥	1	2	0	0	0	

附单据 1 张

会计主管：　记账：　出纳：钱玉玲　审核：周淑娟　制单：李梅雪

表 6.12　付款凭证

凭证字：银付

贷方科目：银行存款　　20＊4 年 3 月 16 日　　凭证号：6

摘　要	借方总账科目	明细科目	借方金额										记账符号
			千	百	十	万	千	百	十	元	角	分	
支付电费	管理费用						1	6	0	0	0	0	
合　计						¥	1	6	0	0	0	0	

附单据 1 张

会计主管：　记账：　出纳：钱玉玲　审核：周淑娟　制单：李梅雪

表 6.13　付款凭证

凭证字：银付

贷方科目：银行存款　　　　20＊4 年 3 月 18 日　　　　凭证号：7

摘　　要	借方总账科目	明细科目	借方金额										记账符号
			千	百	十	万	千	百	十	元	角	分	
支付销售费用	销售费用							5	4	0	0	0	
合　　计							¥	5	4	0	0	0	

附单据 2 张

会计主管：　　　记账：　　　出纳：钱玉玲　　　审核：周淑娟　　　制单：李梅雪

表 6.14　收款凭证

凭证字：银收

借方科目：银行存款　　　　20＊4 年 3 月 25 日　　　　凭证号：3

摘　　要	贷方总账科目	明细科目	贷方金额										记账符号
			千	百	十	万	千	百	十	元	角	分	
某公司投资	实收资本	法人资本			1	0	0	0	0	0	0	0	
合　　计				¥	1	0	0	0	0	0	0	0	

附单据 3 张

会计主管：　　　记账：　　　出纳：钱玉玲　　　审核：周淑娟　　　制单：李梅雪

表 6.15　付款凭证

凭证字：银付

贷方科目：银行存款　　20＊4 年 3 月 31 日　　凭证号：8

摘　要	借方总账科目	明细科目	借方金额										记账符号
			千	百	十	万	千	百	十	元	角	分	
支付短期借款利息	财务费用	利息					1	8	2	5	0	0	
合　计						¥	1	8	2	5	0	0	

附单据 1 张

会计主管：　记账：　出纳：钱玉玲　审核：周淑娟　制单：李梅雪

表 6.16　付款凭证

凭证字：银付

贷方科目：银行存款　　20＊4 年 3 月 31 日　　凭证号：9

摘　要	借方总账科目	明细科目	借方金额										记账符号
			千	百	十	万	千	百	十	元	角	分	
交纳税金	应交税费							8	0	0	0	0	
合　计							¥	8	0	0	0	0	

附单据 1 张

会计主管：　记账：　出纳：钱玉玲　审核：周淑娟　制单：李梅雪

实训要求

根据上述资料，按照经济业务发生的时间先后顺序逐日逐笔登记库存现金日记账、银行存款日记账（表 6.17～表 6.19）。

表 6.17 库存现金日记账(三栏式)

年		凭证编号	摘要	对方科目	借方										√	贷方										√	余额									
月	日				千	百	十	万	千	百	十	元	角	分		千	百	十	万	千	百	十	元	角	分		千	百	十	万	千	百	十	元	角	分

表 6.18 库存现金日记账(多栏式)

年		凭证编号	摘要	收入(贷记下列科目)				支出(借记下列科目)				余额
月	日						收入合计				支出合计	

表 6.19　银行存款日记账

年		凭证编号	摘要	对方科目	借方										√	贷方										√	余额									
月	日				千	百	十	万	千	百	十	元	角	分		千	百	十	万	千	百	十	元	角	分		千	百	十	万	千	百	十	元	角	分

任务二　明细账登记训练

实训目的

（1）了解明细账的格式及各种明细账的适用范围；
（2）明确各种明细账的基本结构；
（3）掌握各种明细账的登记方法。

实训时间

完成本次实训需 2 学时。

实训用品

三栏式、数量金额式、应交税费——增值税、多栏式明细分类账页，计算器，尺子，钢笔等。

实训资料

20＊4 年 4 月 1 日，某企业部分账户的期初余额如表 6.20 所示。

表 6.20　总分类账户及相关明细分类账户期初余额表

账户名称	借方余额	账户名称	贷方余额
原材料	45 000	短期借款	300 000
A 材料	30 000	工商银行	100 000
B 材料	15 000	建设银行	200 000
生产成本	13 000	应付账款	68 000
甲产品	5 000	云泽公司	18 000
乙产品	8 000	百家丽公司	50 000
库存商品	200 000		
甲产品	200 000		

其中，“原材料——A 材料”1 000 千克，单价 30 元/千克，金额 30 000 元；
“原材料——B 材料”1 500 千克，单价 10 元/千克，金额 15 000 元；
“库存商品——甲产品”1 000 件，单位成本 200 元，金额 200 000 元。

4 月份发生的部分经济业务及填制的相关记账凭证如下：

(1) 4 月 1 日，从云泽公司购入 A 材料 2 000 千克，单价 30 元/千克，计 60 000 元，增值税进项税额 7 800 元，材料验收入库，货款未付，转账凭证见表 6.21。

表 6.21 转账凭证

凭证字：转

20＊4 年 4 月 1 日 凭证号：1

摘　要	总账科目	明细科目	借方金额										贷方金额										记账符号
			千	百	十	万	千	百	十	元	角	分	千	百	十	万	千	百	十	元	角	分	
购买材料，款未付	原材料	A 材料				6	0	0	0	0	0	0											
	应交税费	应交增值税（进项税额）					7	8	0	0	0	0											
	应付账款	云泽公司														6	7	8	0	0	0	0	
合　计					¥	6	7	8	0	0	0	0			¥	6	7	8	0	0	0	0	

附单据 2 张

会计主管：　　记账：　　审核：周淑娟　　制单：李梅雪

(2) 付款凭证凭证见表 6.22。

表 6.22 付款凭证

凭证字：银付

贷方科目：银行存款　　20＊4 年 4 月 5 日　　凭证号：1

摘　要	借方总账科目	明细科目	借方金额										记账符号
			千	百	十	万	千	百	十	元	角	分	
归还欠款	应付账款	云泽公司				1	8	0	0	0	0	0	
合　计					¥	1	8	0	0	0	0	0	

附单据 1 张

会计主管：　　记账：　　出纳：钱玉玲　　审核：周淑娟　　制单：李梅雪

(3) 4 月 5 日，生产甲产品领用 A 材料 500 千克，计 15 000 元，转账凭证见表 6.23。

表 6.23 转账凭证

凭证字：转

20＊4 年 4 月 6 日　　　　凭证号：2

摘要	总账科目	明细科目	借方金额										贷方金额										记账符号
			千	百	十	万	千	百	十	元	角	分	千	百	十	万	千	百	十	元	角	分	
生产领用材料	生产成本	甲产品				1	5	0	0	0	0	0											
	原材料	A 材料														1	5	0	0	0	0	0	
合计					¥	1	5	0	0	0	0	0			¥	1	5	0	0	0	0	0	

附单据 1 张

会计主管：　　记账：　　审核：周淑娟　　制单：李梅雪

(4) 4 月 10 日，从百家丽公司购入 B 材料 1 500 千克，单价 10 元/千克，增值税进项税额 1 950 元，材料未到，货款以存款支付，转账凭证见表 6.24。

表 6.24 付款凭证

凭证字：银付

贷方科目：银行存款　　20＊4 年 4 月 10 日　　凭证号：2

摘要	借方总账科目	明细科目	借方金额										记账符号
			千	百	十	万	千	百	十	元	角	分	
购买材料	在途物资	B 材料				1	5	0	0	0	0	0	
	应交税费	应交增值税（进项税额）					1	9	5	0	0	0	
合计					¥	1	6	9	5	0	0	0	

附单据 1 张

会计主管：　　记账：　　出纳：钱玉玲　　审核：周淑娟　　制单：李梅雪

(5) 从百家丽公司购入的 B 材料已到，经验收入库，转账凭证见表 6.25。

表 6.25　转账凭证

凭证字：转

20＊4 年 4 月 12 日　　凭证号：3

摘　　要	总账科目	明细科目	借方金额										贷方金额										记账符号
			千	百	十	万	千	百	十	元	角	分	千	百	十	万	千	百	十	元	角	分	
材料入库	原材料	B材料				1	5	0	0	0	0	0											
	在途物资	B材料														1	5	0	0	0	0	0	
合　　计					¥	1	5	0	0	0	0	0			¥	1	5	0	0	0	0	0	

附单据 1 张

会计主管：　　记账：　　审核：周淑娟　　制单：李梅雪

(6) 付款凭证见表 6.26。

表 6.26　付款凭证

凭证字：银付

贷方科目：银行存款　　20＊4 年 4 月 12 日　　凭证号：3

摘　　要	借方总账科目	明细科目	借方金额										记账符号
			千	百	十	万	千	百	十	元	角	分	
归还欠款	应付账款	百家丽公司				5	0	0	0	0	0	0	
合　　计					¥	5	0	0	0	0	0	0	

附单据 1 张

会计主管：　　记账：　　出纳：钱玉玲　　审核：周淑娟　　制单：李梅雪

(7) 4 月 12 日，生产乙产品领用 B 材料 2 000 千克，计 20 000 元，转账凭证见表 6.27。

表 6.27　转账凭证

凭证字：转

20＊4 年 4 月 12 日　　　　凭证号：4

摘　要	总账科目	明细科目	借方金额										贷方金额										记账符号
			千	百	十	万	千	百	十	元	角	分	千	百	十	万	千	百	十	元	角	分	
生产领用材料	生产成本	乙产品				2	0	0	0	0	0	0											
	原材料	B材料														2	0	0	0	0	0	0	
合　计					¥	2	0	0	0	0	0	0			¥	2	0	0	0	0	0	0	

附单据 1 张

会计主管：　　记账：　　审核：周淑娟　　制单：李梅雪

(8) 4 月 15 日，从百家丽公司购买 B 材料 3 000 千克，单价 10 元/千克，计 30 000 元，增值税进项税额 3 900 元，材料已验收入库，货款未付，转账凭证见表 6.28。

表 6.28　转账凭证

凭证字：转

20＊4 年 4 月 15 日　　　　凭证号：5

摘　要	总账科目	明细科目	借方金额										贷方金额										记账符号
			千	百	十	万	千	百	十	元	角	分	千	百	十	万	千	百	十	元	角	分	
购买材料，款未付	原材料	B材料				3	0	0	0	0	0	0											
	应交税费	应交增值税（进项税额）					3	9	0	0	0	0											
	应付账款	百家丽公司														3	3	9	0	0	0	0	
合　计					¥	3	3	9	0	0	0	0			¥	3	3	9	0	0	0	0	

附单据 2 张

会计主管：　　记账：　　审核：周淑娟　　制单：李梅雪

(9) 转账凭证见表 6.29。

表 6.29　转账凭证

凭证字：转

20＊4年4月16日　　凭证号：6

摘　　要	总账科目	明细科目	借方金额										贷方金额										记账符号
			千	百	十	万	千	百	十	元	角	分	千	百	十	万	千	百	十	元	角	分	
生产车间领用材料	制造费用	材料费					4	0	0	0	0	0											
	原材料	B材料															4	0	0	0	0	0	
合　　计						¥	4	0	0	0	0	0				¥	4	0	0	0	0	0	

附单据 1 张

会计主管：　　记账：　　审核：周淑娟　　制单：李梅雪

（10）收款凭证见表 6.30。

表 6.30　收款凭证

凭证字：银收

借方科目：银行存款　　20＊4年4月20日　　凭证号：1

摘　　要	贷方总账科目	明细科目	贷方金额										记账符号
			千	百	十	万	千	百	十	元	角	分	
销售甲产品	主营业务收入	甲产品			1	5	0	0	0	0	0	0	
	应交税费	应交增值税（销项税额）				1	9	5	0	0	0	0	
合　　计				¥	1	6	9	5	0	0	0	0	

附单据 2 张

会计主管：　　记账：　　出纳：钱玉玲　　审核：周淑娟　　制单：李梅雪

（11）付款凭证见表 6.31。

表 6.31 付款凭证

凭证字：银付

贷方科目：银行存款　　　　20＊4 年 4 月 25 日　　　　凭证号：4

摘　要	借方总账科目	明细科目	借方金额										记账符号
			千	百	十	万	千	百	十	元	角	分	
支付车间水电费	制造费用	水电费					8	0	0	0	0	0	
合　计						¥	8	0	0	0	0	0	

附单据 1 张

会计主管：　　记账：　　出纳：钱玉玲　　审核：周淑娟　　制单：李梅雪

(12) 转账凭证见表 6.32。

表 6.32 转账凭证

凭证字：转

20＊4 年 4 月 30 日　　　　凭证号：7

摘　要	总账科目	明细科目	借方金额										贷方金额										记账符号
			千	百	十	万	千	百	十	元	角	分	千	百	十	万	千	百	十	元	角	分	
结算职工工资	生产成本	甲产品				1	8	0	0	0	0	0											
		乙产品				1	0	0	0	0	0	0											
	制造费用						6	0	0	0	0	0											
	管理费用					1	2	0	0	0	0	0											
	应付职工薪酬	工资														4	6	0	0	0	0	0	
合　计					¥	4	6	0	0	0	0	0			¥	4	6	0	0	0	0	0	

附单据 1 张

会计主管：　　记账：　　审核：周淑娟　　制单：李梅雪

(13) 转账凭证见表 6.33。

表 6.33　转账凭证

凭证字：转

20＊4 年 4 月 30 日　　　　凭证号：8

摘　要	总账科目	明细科目	借方金额										贷方金额										记账符号
			千	百	十	万	千	百	十	元	角	分	千	百	十	万	千	百	十	元	角	分	
计算每月补贴职工食堂的金额	生产成本	甲产品					2	5	2	0	0	0											
		乙产品					1	4	0	0	0	0											
	制造费用							8	4	0	0	0											
	管理费用						1	6	8	0	0	0											
	应付职工薪酬	职工福利费															6	4	4	0	0	0	
合　计						¥	6	4	4	0	0	0				¥	6	4	4	0	0	0	

附单据 1 张

会计主管：　　记账：　　审核：周淑娟　　制单：李梅雪

（14）转账凭证见表 6.34。

表 6.34　转账凭证

凭证字：转

20＊4 年 4 月 30 日　　　　凭证号：9

摘　要	总账科目	明细科目	借方金额										贷方金额										记账符号
			千	百	十	万	千	百	十	元	角	分	千	百	十	万	千	百	十	元	角	分	
计提折旧	制造费用	折旧费					4	0	0	0	0	0											
	管理费用	折旧费					1	6	0	0	0	0											
	累计折旧																5	6	0	0	0	0	
合　计						¥	5	6	0	0	0	0				¥	5	6	0	0	0	0	

附单据 1 张

会计主管：　　记账：　　审核：周淑娟　　制单：李梅雪

（15）转账凭证见表 6.35。

表 6.35 转账凭证

凭证字：转

20＊4 年 4 月 30 日 凭证号：10

摘要	总账科目	明细科目	借方金额										贷方金额										记账符号
			千	百	十	万	千	百	十	元	角	分	千	百	十	万	千	百	十	元	角	分	
结转制造费用	生产成本	甲产品				1	3	7	0	4	0	0											
		乙产品					9	1	3	6	0	0											
	制造费用															2	2	8	4	0	0	0	
合计					¥	2	2	8	4	0	0	0			¥	2	2	8	4	0	0	0	

附单据 1 张

会计主管： 记账： 审核：周淑娟 制单：李梅雪

（16）付款凭证见表 6.36。

表 6.36 付款凭证

凭证字：银付

贷方科目：银行存款 20＊4 年 4 月 30 日 凭证号：5

摘要	借方总账科目	明细科目	借方金额										记账符号
			千	百	十	万	千	百	十	元	角	分	
交纳增值税	应交税费	未交增值税				1	4	9	5	0	0	0	
合计					¥	1	4	9	5	0	0	0	

附单据 1 张

会计主管： 记账： 出纳：钱玉玲 审核：周淑娟 制单：李梅雪

实训要求

（1）根据上述资料，登记“应付账款”三栏式明细分类账（表 6.37、表 6.38）；

（2）根据上述资料，登记“原材料”数量金额式明细分类账（表 6.39、表 6.40）；

（3）根据上述资料，登记“应交税费——增值税”“制造费用”“生产成本”多栏式明细分类账（表 6.41 至表 6.43）；

（4）根据上述资料，登记“在途物资”横线登记式明细分类账（表 6.44）。

表 6.37 应付账款明细分类账（三栏式）

明细科目__________

年		凭证字号	摘要	对方科目	借方										贷方										借或贷	余额									
月	日				千	百	十	万	千	百	十	元	角	分	千	百	十	万	千	百	十	元	角	分		千	百	十	万	千	百	十	元	角	分

表 6.38 应付账款明细分类账(三栏式)

明细科目__________

年		凭证字号	摘要	对方科目	借方										贷方										借或贷	余额									
月	日				千	百	十	万	千	百	十	元	角	分	千	百	十	万	千	百	十	元	角	分		千	百	十	万	千	百	十	元	角	分

表 6.39 原材料明细分类账(数量金额式)

最高存量____________

最低存量____________

编号________ 规格__________ 单位( )名称__________________

年		凭证号数	摘要	账页	收入(借方)											发出(贷方)											结存											稽核
					数量	单价	金额									数量	单价	金额									数量	单价	金额									
月	日						百	十	万	千	百	十	元	角	分			百	十	万	千	百	十	元	角	分			百	十	万	千	百	十	元	角	分	

表 6.40　原材料明细分类账(数量金额式)

最高存量＿＿＿＿＿＿

最低存量＿＿＿＿＿＿

编号＿＿＿＿　规格＿＿＿＿＿　　　　单位(　　)名称＿＿＿＿＿＿

年		凭证号数	摘要	账页	收入(借方)											发出(贷方)											结存											稽核
					数量	单价	金额									数量	单价	金额									数量	单价	金额									
月	日						百	十	万	千	百	十	元	角	分			百	十	万	千	百	十	元	角	分			百	十	万	千	百	十	元	角	分	

表 6.41 制造费用明细账

年		凭证		摘要	对方科日	借方																																														合计									
月	日	字	号			工资及福利费										水电费										折旧费																																							
						千	百	十	万	千	百	十	元	角	分	千	百	十	万	千	百	十	元	角	分	千	百	十	万	千	百	十	元	角	分	千	百	十	万	千	百	十	元	角	分	千	百	十	万	千	百	十	元	角	分	千	百	十	万	千	百	十	元	角	分

表 6.41 续 制造费用明细账

年		凭证		摘要	对方科目	借方																																																			合计									
						工资及福利费										水电费										折旧费																																			
月	日	字	号			千	百	十	万	千	百	十	元	角	分	千	百	十	万	千	百	十	元	角	分	千	百	十	万	千	百	十	元	角	分	千	百	十	万	千	百	十	元	角	分	千	百	十	万	千	百	十	元	角	分	千	百	十	万	千	百	十	元	角	分

表 6.42 应交税费——应交增值税明细账

年		凭证		摘要	借方																																							
					合计										进项税额										已交税金										转出未交增值税									
月	日	种类	编号		千	百	十	万	千	百	十	元	角	分	千	百	十	万	千	百	十	元	角	分	千	百	十	万	千	百	十	元	角	分	千	百	十	万	千	百	十	元	角	分

表 6.42 续　应交税费——应交增值税明细账

贷方																																																		借或贷	余额									
合计										销项税额										出口退税										进项税额转出										转出多交增值税																				
千	百	十	万	千	百	十	元	角	分	千	百	十	万	千	百	十	元	角	分	千	百	十	万	千	百	十	元	角	分	千	百	十	万	千	百	十	元	角	分	千	百	十	万	千	百	十	元	角	分		千	百	十	万	千	百	十	元	角	分

表 6.43　生产成本明细账

投产日期：______　　计划工时：______　　　　　　　　　　　　生产批号：______
完工日期：______　　实际工时：______　　　　　　　　　　　　生产车间：______
完成产量：______　　数量：________　　产品规格：______　　产品名称：______

年		凭证号数	摘要	借方发生额										成本项目																																							
														直接材料										直接人工										制造费用										合计									
月	日			千	百	十	万	千	百	十	元	角	分	千	百	十	万	千	百	十	元	角	分	千	百	十	万	千	百	十	元	角	分	千	百	十	万	千	百	十	元	角	分	千	百	十	万	千	百	十	元	角	分

表 6.43 续　生产成本明细账

投产日期：______　计划工时：______　　　　　　　生产批号：______

完工日期：______　实际工时：______　　　　　　　生产车间：______

完成产量：______　数量：________　产品规格：______　产品名称：______

年		凭证号数	摘要	借方发生额										成本项目																																									
														直接材料										直接人工										制造费用										合计									
月	日			千	百	十	万	千	百	十	元	角	分	千	百	十	万	千	百	十	元	角	分	千	百	十	万	千	百	十	元	角	分	千	百	十	万	千	百	十	元	角	分	千	百	十	万	千	百	十	元	角	分

表 6.44 在途物资明细账

编号____ 页次____ 总页____ 材料科目：__________ 材料类别或名称：______

年		凭证号数	摘要	计量单位	发票数量	实收数量	借方																								贷方								余额							
							发票价格								运杂费等								合计																							
月	日						十	万	千	百	十	元	角	分	十	万	千	百	十	元	角	分	十	万	千	百	十	元	角	分	十	万	千	百	十	元	角	分	十	万	千	百	十	元	角	分

表 6.44 续　在途物资明细账

编号____　页次____　总页____　　　　材料科目：__________　　　　材料类别或名称：______

年		凭证号数	摘要	计量单位	发票数量	实收数量	借方																										贷方								余额							
							发票价格								运杂费等								合计																							
月	日						十	万	千	百	十	元	角	分	十	万	千	百	十	元	角	分	十	万	千	百	十	元	角	分	十	万	千	百	十	元	角	分	十	万	千	百	十	元	角	分

任务三　总账登记训练

实训目的

(1) 了解总账登记的步骤；
(2) 明确总账登记的依据；
(3) 掌握记账凭证、科目汇总表、汇总记账凭证会计核算程序中总账登记的具体方法。

实训背景

巢湖市华宇有限责任公司是一家生产车床、铣床、磨床等机床设备的大型机械设备生产商。公司人事基本情况：法人代表是马清秋，财务负责人是薛易，会计是刘明，出纳是钱玉玲，稽核是周淑娟，销售部长是周国强，车间主任是商凯，仓库主管是申兰，仓库保管员(发料人)是王峰，生产领料是沙宝。公司设有一个基本存款户，开户行为巢湖市工行巢湖路支行，单位账号：5021070005893；一个一般存款户，银行名称：中国银行健康路支行，开户账号：34260106045001。

实训时间

完成本次实训需 6 学时。

实训用品

科目汇总表、汇总记账凭证(包括汇总收款凭证、汇总付款凭证、汇总转账凭证)、总账账簿、计算器、尺子、钢笔等。

备注：后附总账账簿、启用及交接表(扉页)、目录页和账页模版，总账账页可自行复印(按记账凭证登记总账、按科目汇总表登记总账和按汇总记账凭证登记总账各需总账账页 33 页)。

实训资料

某企业 20＊4 年 6 月 1 日各总分类账户期初余额如表 6.45 所示。

表 6.45　总分类账户期初余额表

账户名称	借方余额	账户名称	贷方余额
库存现金	1 500	累计折旧	40 000
银行存款	150 000	短期借款	50 000

续表

账户名称	借方余额	账户名称	贷方余额
应收账款	46 800	应付账款	29 000
原材料	54 000	应付利息	8 300
生产成本	75 000	长期借款	100 000
库存商品	20 000	实收资本	2 000 000
债权投资	100 000	盈余公积	200 000
固定资产	2 250 000	本年利润	120 000
		利润分配	150 000
合　计	2 697 300	合　计	2 697 300

20＊4年6月发生的经济业务填制的记账凭证如下(表6.46至表6.81):

表6.46　转账凭证

凭证字:转

20＊4年6月1日　　凭证号:1

摘　要	总账科目	明细科目	借方金额										贷方金额										记账符号
			千	百	十	万	千	百	十	元	角	分	千	百	十	万	千	百	十	元	角	分	
生产领用材料	生产成本	甲产品				3	0	0	0	0	0	0											
	原材料	A材料														1	8	0	0	0	0	0	
		B材料														1	2	0	0	0	0	0	
合　计					¥	3	0	0	0	0	0	0			¥	3	0	0	0	0	0	0	

附单据1张

会计主管:　　记账:　　审核:周淑娟　　制单:李梅雪

表6.47　收款凭证

凭证字:银收

借方科目:银行存款　　20＊4年6月2日　　凭证号:1

摘　要	贷方总账科目	明细科目	贷方金额										记账符号
			千	百	十	万	千	百	十	元	角	分	
销售甲产品	主营业务收入	甲产品			1	5	0	0	0	0	0	0	
	应交税费	应交增值税(销项税额)				1	9	5	0	0	0	0	
合　计				¥	1	6	9	5	0	0	0	0	

附单据2张

会计主管:　　记账:　　出纳:钱玉玲　　审核:周淑娟　　制单:李梅雪

表 6.48 付款凭证

凭证字：银付

贷方科目：银行存款　　　　20＊4 年 6 月 5 日　　　　凭证号：1

摘要	借方总账科目	明细科目	借方金额 千	百	十	万	千	百	十	元	角	分	记账符号
支付产品广告费	销售费用	广告费					1	0	0	0	0	0	
合　计						¥	1	0	0	0	0	0	

附单据 1 张

会计主管：　　记账：　　出纳：钱玉玲　　审核：周淑娟　　制单：李梅雪

表 6.49 转账凭证

凭证字：转

20＊4 年 6 月 6 日　　　　凭证号：2

摘要	总账科目	明细科目	借方金额 千	百	十	万	千	百	十	元	角	分	贷方金额 千	百	十	万	千	百	十	元	角	分	记账符号
购买材料，款未付	原材料	B 材料				2	0	0	0	0	0	0											
	应交税费	应交增值税（进项税额）					2	6	0	0	0	0											
	应付账款	百家丽公司														2	2	6	0	0	0	0	
合　计					¥	2	2	6	0	0	0	0			¥	2	2	6	0	0	0	0	

附单据 1 张

会计主管：　　记账：　　审核：周淑娟　　制单：李梅雪

表 6.50 付款凭证

凭证字：现付

贷方科目：库存现金　　　　20＊4 年 6 月 5 日　　　　凭证号：1

摘　要	借方总账科目	明细科目	借方金额										记账符号
			千	百	十	万	千	百	十	元	角	分	
预借差旅费	其他应收款	王阳					1	0	0	0	0	0	
合　计						¥	1	0	0	0	0	0	

附单据 1 张

会计主管：　　记账：　　出纳：钱玉玲　　审核：周淑娟　　制单：李梅雪

表 6.51 收款凭证

凭证字：银收

借方科目：银行存款　　　　20＊4 年 6 月 8 日　　　　凭证号：2

摘　要	贷方总账科目	明细科目	贷方金额										记账符号
			千	百	十	万	千	百	十	元	角	分	
收回欠款	应收账款	华光公司				4	6	8	0	0	0	0	
合　计					¥	4	6	8	0	0	0	0	

附单据 2 张

会计主管：　　记账：　　出纳：　　审核：周淑娟　　制单：李梅雪

表 6.52　收款凭证

凭证字：银收

借方科目：银行存款　　20＊4 年 6 月 9 日　　凭证号：3

摘　　要	贷方总账科目	明细科目	贷方金额										记账符号
			千	百	十	万	千	百	十	元	角	分	
借入借款	长期借款				1	5	0	0	0	0	0	0	
合　　计				¥	1	5	0	0	0	0	0	0	

附单据 2 张

会计主管：　　记账：　　出纳：钱玉玲　　审核：周淑娟　　制单：李梅雪

表 6.53　付款凭证

凭证字：现付

贷方科目：库存现金　　20＊4 年 6 月 10 日　　凭证号：2

摘　　要	借方总账科目	明细科目	借方金额										记账符号
			千	百	十	万	千	百	十	元	角	分	
购买办公用品	制造费用	办公费						1	8	0	0	0	
	管理费用	办公费						2	5	0	0	0	
合　　计							¥	4	3	0	0	0	

附单据 2 张

会计主管：　　记账：　　出纳：钱玉玲　　审核：周淑娟　　制单：李梅雪

表 6.54　付款凭证

凭证字：银付

贷方科目：银行存款　　　　20＊4 年 6 月 11 日　　　　凭证号：2

摘　　要	借方总账科目	明细科目	借方金额										记账符号
			千	百	十	万	千	百	十	元	角	分	
提取现金	库存现金						2	0	0	0	0	0	
合　　计						¥	2	0	0	0	0	0	

附单据 1 张

会计主管：　　记账：　　出纳：钱玉玲　　审核：周淑娟　　制单：李梅雪

表 6.55　转账凭证

凭证字：转

20＊4 年 6 月 12 日　　　　凭证号：3

摘　　要	总账科目	明细科目	借方金额										贷方金额										记账符号
			千	百	十	万	千	百	十	元	角	分	千	百	十	万	千	百	十	元	角	分	
报销差旅费	管理费用	差旅费					1	0	0	0	0	0											
	其他应收款	王阳															1	0	0	0	0	0	
合　　计						¥	1	0	0	0	0	0				¥	1	0	0	0	0	0	

附单据 1 张

会计主管：　　记账：　　审核：周淑娟　　制单：李梅雪

表 6.56 付款凭证

凭证字：现付

贷方科目：库存现金　　　　20＊4 年 6 月 12 日　　　　凭证号：3

摘要	借方总账科目	明细科目	借方金额										记账符号
			千	百	十	万	千	百	十	元	角	分	
补付差旅费	管理费用	差旅费						2	0	0	0	0	
合计							¥	2	0	0	0	0	

附单据 1 张

会计主管：　　记账：　　出纳：钱玉玲　　审核：周淑娟　　制单：李梅雪

表 6.57 收款凭证

凭证字：银收

借方科目：银行存款　　　　20＊4 年 6 月 15 日　　　　凭证号：4

摘要	贷方总账科目	明细科目	贷方金额										记账符号
			千	百	十	万	千	百	十	元	角	分	
收到投入资本	实收资本	法人资本			2	0	0	0	0	0	0	0	
合计				¥	2	0	0	0	0	0	0	0	

附单据 3 张

会计主管：　　记账：　　出纳：钱玉玲　　审核：周淑娟　　制单：李梅雪

表 6.58　付款凭证

凭证字：银付

贷方科目：银行存款　　　　20＊4 年 6 月 15 日　　　　凭证号：3

摘　要	借方总账科目	明细科目	借方金额										记账符号
			千	百	十	万	千	百	十	元	角	分	
提取现金，备发工资	库存现金					5	0	0	0	0	0	0	
合　计					¥	5	0	0	0	0	0	0	

附单据 1 张

会计主管：　　记账：　　出纳：钱玉玲　　审核：周淑娟　　制单：李梅雪

表 6.59　付款凭证

凭证字：现付

贷方科目：库存现金　　　　20＊4 年 6 月 15 日　　　　凭证号：4

摘　要	借方总账科目	明细科目	借方金额										记账符号
			千	百	十	万	千	百	十	元	角	分	
发放工资	应付职工薪酬	工资				5	0	0	0	0	0	0	
合　计					¥	5	0	0	0	0	0	0	

附单据 2 张

会计主管：　　记账：　　出纳：钱玉玲　　审核：周淑娟　　制单：李梅雪

表 6.60　付款凭证

凭证字：银付

贷方科目：银行存款　　　　20＊4 年 6 月 15 日　　　　凭证号：4

摘要	借方总账科目	明细科目	借方金额 千	百	十	万	千	百	十	元	角	分	记账符号
归还材料款	应付账款	百家丽公司				2	2	6	0	0	0	0	
合　计					¥	2	2	6	0	0	0	0	

附单据 1 张

会计主管：　　记账：　　出纳：钱玉玲　　审核：周淑娟　　制单：李梅雪

表 6.61　转账凭证

凭证字：转

20＊4 年 6 月 16 日　　　　凭证号：4

摘要	总账科目	明细科目	借方金额 千	百	十	万	千	百	十	元	角	分	贷方金额 千	百	十	万	千	百	十	元	角	分	记账符号
生产车间一般耗用材料	制造费用	材料费					3	0	0	0	0	0											
	原材料	B材料															3	0	0	0	0	0	
合　计						¥	3	0	0	0	0	0				¥	3	0	0	0	0	0	

附单据 1 张

会计主管：　　记账：　　审核：周淑娟　　制单：李梅雪

表 6.62　付款凭证

凭证字：银付

贷方科目：银行存款　　　　20＊4 年 6 月 18 日　　　　凭证号：5

摘　要	借方总账科目	明细科目	借方金额 千	百	十	万	千	百	十	元	角	分	记账符号
向希望工程捐款	营业外支出	捐赠支出				1	0	0	0	0	0	0	
合　计					¥	1	0	0	0	0	0	0	

附单据 2 张

会计主管：　　记账：　　出纳：钱玉玲　　审核：周淑娟　　制单：李梅雪

表 6.63　付款凭证

凭证字：银付

贷方科目：银行存款　　　　20＊4 年 6 月 20 日　　　　凭证号：6

摘　要	借方总账科目	明细科目	借方金额 千	百	十	万	千	百	十	元	角	分	记账符号
支付借款利息	财务费用	利息						3	0	0	0	0	
合　计							¥	3	0	0	0	0	

附单据 1 张

会计主管：　　记账：　　出纳：钱玉玲　　审核：周淑娟　　制单：李梅雪

表 6.64 收款凭证

凭证字：银收

借方科目：银行存款　　20＊4 年 6 月 22 日　　凭证号：5

摘　要	贷方总账科目	明细科目	贷方金额										记账符号
			千	百	十	万	千	百	十	元	角	分	
销售 A 材料	其他业务收入	材料销售				1	0	0	0	0	0	0	
	应交税费	应交增值税（销项税额）					1	3	0	0	0	0	
合　计					¥	1	1	3	0	0	0	0	

附单据 2 张

会计主管：　　记账：　　出纳：钱玉玲　　审核：周淑娟　　制单：李梅雪

表 6.65 收款凭证

凭证字：银收

借方科目：银行存款　　20＊4 年 6 月 25 日　　凭证号：6

摘　要	贷方总账科目	明细科目	贷方金额										记账符号
			千	百	十	万	千	百	十	元	角	分	
收到投资利润	投资收益					8	0	0	0	0	0	0	
合　计					¥	8	0	0	0	0	0	0	

附单据 2 张

会计主管：　　记账：　　出纳：钱玉玲　　审核：周淑娟　　制单：李梅雪

表 6.66　付款凭证

凭证字：银付

贷方科目：银行存款　　　　20＊4 年 6 月 27 日　　　　凭证号：7

摘　　要	借方总账科目	明细科目	借方金额 千	百	十	万	千	百	十	元	角	分	记账符号
购买机器设备	固定资产	设备				2	5	0	0	0	0	0	
	应交税费	应交增值税（进项税额）					3	2	5	0	0	0	
合　　计					¥	2	8	2	5	0	0	0	

附单据 2 张

会计主管：　　　记账：　　　出纳：钱玉玲　　　审核：周淑娟　　　制单：李梅雪

表 6.67　转账凭证

凭证字：转

20＊4 年 6 月 30 日　　　　凭证号：5

摘　　要	总账科目	明细科目	借方金额 千	百	十	万	千	百	十	元	角	分	贷方金额 千	百	十	万	千	百	十	元	角	分	记账符号
计提折旧	制造费用	折旧费					5	0	0	0	0	0											
	管理费用	折旧费					2	0	0	0	0	0											
	累计折旧																7	0	0	0	0	0	
合　　计						¥	7	0	0	0	0	0				¥	7	0	0	0	0	0	

附单据 1 张

会计主管：　　　记账：　　　审核：周淑娟　　　制单：李梅雪

表 6.68 转账凭证

凭证字：转

20＊4 年 6 月 30 日　　凭证号：6

摘要	总账科目	明细科目	借方金额										贷方金额										记账符号
			千	百	十	万	千	百	十	元	角	分	千	百	十	万	千	百	十	元	角	分	
摊销财产保险费	制造费用	保险费						4	0	0	0	0											
	管理费用	保险费						2	0	0	0	0											
	预付账款																	6	0	0	0	0	
合计							¥	6	0	0	0	0					¥	6	0	0	0	0	

附单据 1 张

会计主管：　　记账：　　审核：周淑娟　　制单：李梅雪

表 6.69 转账凭证

凭证字：转

20＊4 年 6 月 30 日　　凭证号：7

摘要	总账科目	明细科目	借方金额										贷方金额										记账符号
			千	百	十	万	千	百	十	元	角	分	千	百	十	万	千	百	十	元	角	分	
结算职工工资	生产成本	甲产品				3	0	0	0	0	0	0											
	制造费用						8	0	0	0	0	0											
	管理费用					1	2	0	0	0	0	0											
	应付职工薪酬	工资														5	0	0	0	0	0	0	
合计					¥	5	0	0	0	0	0	0			¥	5	0	0	0	0	0	0	

附单据 1 张

会计主管：　　记账：　　审核：周淑娟　　制单：李梅雪

表 6.70 转账凭证

凭证字：转

20＊4 年 6 月 30 日　　凭证号：8

摘要	总账科目	明细科目	借方金额										贷方金额										记账符号
			千	百	十	万	千	百	十	元	角	分	千	百	十	万	千	百	十	元	角	分	
月末计算职工食堂补贴	生产成本	甲产品					4	2	0	0	0	0											
	制造费用						1	1	2	0	0	0											
	管理费用						1	6	8	0	0	0											
	应付职工薪酬	职工福利费															7	0	0	0	0	0	
合计						¥	7	0	0	0	0	0				¥	7	0	0	0	0	0	

附单据 1 张

会计主管：　　记账：　　审核：周淑娟　　制单：李梅雪

表 6.71 转账凭证

凭证字：转

20＊4 年 6 月 30 日　　凭证号：9

摘要	总账科目	明细科目	借方金额										贷方金额										记账符号
			千	百	十	万	千	百	十	元	角	分	千	百	十	万	千	百	十	元	角	分	
结转制造费用	生产成本	甲产品				1	7	7	0	0	0	0											
	制造费用															1	7	7	0	0	0	0	
合计					¥	1	7	7	0	0	0	0			¥	1	7	7	0	0	0	0	

附单据 1 张

会计主管：　　记账：　　审核：周淑娟　　制单：李梅雪

表 6.72　转账凭证

凭证字：转

20＊4 年 6 月 30 日　　　　凭证号：10

摘　要	总账科目	明细科目	借方金额										贷方金额										记账符号
			千	百	十	万	千	百	十	元	角	分	千	百	十	万	千	百	十	元	角	分	
结转完工产品成本	库存商品	甲产品			1	3	9	2	0	0	0	0											
	生产成本	甲产品													1	3	9	2	0	0	0	0	
合　计				¥	1	3	9	2	0	0	0	0		¥	1	3	9	2	0	0	0	0	

附单据 1 张

会计主管：　　记账：　　审核：周淑娟　　制单：李梅雪

表 6.73　转账凭证

凭证字：转

20＊4 年 6 月 30 日　　　　凭证号：11

摘　要	总账科目	明细科目	借方金额										贷方金额										记账符号
			千	百	十	万	千	百	十	元	角	分	千	百	十	万	千	百	十	元	角	分	
结转已售产品成本	主营业务成本	甲产品			1	2	0	0	0	0	0	0											
	库存商品	甲产品													1	2	0	0	0	0	0	0	
合　计				¥	1	2	0	0	0	0	0	0		¥	1	2	0	0	0	0	0	0	

附单据 1 张

会计主管：　　记账：　　审核：周淑娟　　制单：李梅雪

表 6.74　转账凭证

凭证字：转

20＊4 年 6 月 30 日　　　　凭证号：12

摘　要	总账科目	明细科目	借方金额										贷方金额										记账符号
			千	百	十	万	千	百	十	元	角	分	千	百	十	万	千	百	十	元	角	分	
结转已售材料成本	其他业务成本						7	2	0	0	0	0											
	原材料	A 材料															7	2	0	0	0	0	
合　　计						¥	7	2	0	0	0	0				¥	7	2	0	0	0	0	

附单据 1 张

会计主管：　　　　记账：　　　　审核：周淑娟　　　　制单：李梅雪

表 6.75　转账凭证

凭证字：转

20＊4 年 6 月 30 日　　　　凭证号：13

摘　要	总账科目	明细科目	借方金额										贷方金额										记账符号
			千	百	十	万	千	百	十	元	角	分	千	百	十	万	千	百	十	元	角	分	
计算应交城建税	税金及附加	城建税					1	0	4	5	0	0											
	应交税费	城建税													1	0	4	6	5	0			
合　　计						¥	1	0	4	6	5	0				¥	1	0	4	6	5	0	

附单据 1 张

会计主管：　　　　记账：　　　　审核：周淑娟　　　　制单：李梅雪

表 6.76 转账凭证

凭证字：转

20＊4 年 6 月 30 日　　　　凭证号：14

摘要	总账科目	明细科目	借方金额										贷方金额										记账符号
			千	百	十	万	千	百	十	元	角	分	千	百	十	万	千	百	十	元	角	分	
计算应交城建税	税金及附加	教育费附加						4	4	8	5	0											
	应交税费	教育费附加																4	4	8	5	0	
合计							¥	4	4	8	5	0					¥	4	4	8	5	0	

附单据 1 张

会计主管：　　记账：　　审核：周淑娟　　制单：李梅雪

表 6.77 转账凭证

凭证字：转

20＊4 年 6 月 30 日　　　　凭证号：15

摘要	总账科目	明细科目	借方金额										贷方金额										记账符号
			千	百	十	万	千	百	十	元	角	分	千	百	十	万	千	百	十	元	角	分	
结转收入、收益	主营业务收入				1	5	0	0	0	0	0	0											
	其他业务收入					1	0	0	0	0	0	0											
	投资收益					8	0	0	0	0	0	0											
	本年利润														2	4	0	0	0	0	0	0	
合计				¥	2	4	0	0	0	0	0	0		¥	2	4	0	0	0	0	0	0	

附单据 张

会计主管：　　记账：　　审核：周淑娟　　制单：李梅雪

表 6.78　转账凭证

凭证字：转

20＊4 年 6 月 30 日　　　　凭证号：16

摘　要	总账科目	明细科目	借方金额										贷方金额										记账符号
			千	百	十	万	千	百	十	元	角	分	千	百	十	万	千	百	十	元	角	分	
结转成本、费用	本年利润				1	2	8	6	9	5	0	0											
	主营业务成本														1	2	0	0	0	0	0	0	
	税金及附加																1	4	9	5	0	0	
	其他业务成本																7	2	0	0	0	0	
合　计				¥	1	2	8	6	9	5	0	0		¥	1	2	8	6	9	5	0	0	

附单据　张

会计主管：　　　记账：　　　审核：周淑娟　　　制单：李梅雪

表 6.79　转账凭证

凭证字：转

20＊4 年 6 月 30 日　　　　凭证号：17

摘　要	总账科目	明细科目	借方金额										贷方金额										记账符号
			千	百	十	万	千	百	十	元	角	分	千	百	十	万	千	百	十	元	角	分	
结转成本、费用	本年利润					2	8	6	3	0	0	0											
	管理费用															1	7	3	3	0	0	0	
	销售费用																1	0	0	0	0	0	
	财务费用																	3	0	0	0	0	
	营业外支出															1	0	0	0	0	0	0	
合　计					¥	2	8	6	3	0	0	0			¥	2	8	6	3	0	0	0	

附单据　张

会计主管：　　　记账：　　　审核：周淑娟　　　制单：李梅雪

表 6.80 转账凭证

凭证字：转

20＊4 年 6 月 30 日　　　凭证号：18

摘要	总账科目	明细科目	借方金额										贷方金额										记账符号
			千	百	十	万	千	百	十	元	角	分	千	百	十	万	千	百	十	元	角	分	
计提所得税	所得税费用					2	0	6	6	8	7	5											
	应交税费	应交所得税														2	0	6	6	8	7	5	
合计					¥	2	0	6	6	8	7	5			¥	2	0	6	6	8	7	5	

附单据 1 张

会计主管：　　记账：　　审核：周淑娟　　制单：李梅雪

表 6.81 转账凭证

凭证字：转

20＊4 年 6 月 30 日　　　凭证号：19

摘要	总账科目	明细科目	借方金额										贷方金额										记账符号
			千	百	十	万	千	百	十	元	角	分	千	百	十	万	千	百	十	元	角	分	
结转所得税	本年利润					2	0	6	6	8	7	5											
	所得税费用															2	0	6	6	8	7	5	
合计					¥	2	0	6	6	8	7	5			¥	2	0	6	6	8	7	5	

附单据　张

会计主管：　　记账：　　审核：周淑娟　　制单：李梅雪

实训要求

（1）根据上述资料，采用记账凭证会计核算程序登记总分类账（表 6.82 至表 6.84）。

表 6.82　账簿启用及接交表

<table>
<tr><td>单位名称</td><td></td><td>公　　章</td></tr>
<tr><td>账簿名称</td><td>（第　册）</td><td rowspan="4"></td></tr>
<tr><td>账簿编号</td><td></td></tr>
<tr><td>账簿页数</td><td>本账簿共计　　页（本账簿页数
检点人盖章　）</td></tr>
<tr><td>启用日期</td><td>公元　　年　　月　　日</td></tr>
</table>

<table>
<tr><td rowspan="3">经管人员</td><td colspan="2">单位主管</td><td colspan="2">财务主管</td><td colspan="2">复　核</td><td colspan="2">记　账</td></tr>
<tr><td>姓　名</td><td>盖章</td><td>姓　名</td><td>盖章</td><td>姓　名</td><td>盖章</td><td>姓　名</td><td>盖章</td></tr>
<tr><td></td><td></td><td></td><td></td><td></td><td></td><td></td><td></td></tr>
<tr><td rowspan="6">接交记录</td><td colspan="2">经管人员</td><td colspan="4">接　管</td><td colspan="4">交　出</td></tr>
<tr><td>职　别</td><td>姓　名</td><td>年</td><td>月</td><td>日</td><td>盖章</td><td>年</td><td>月</td><td>日</td><td>盖章</td></tr>
<tr><td></td><td></td><td></td><td></td><td></td><td></td><td></td><td></td><td></td><td></td></tr>
<tr><td></td><td></td><td></td><td></td><td></td><td></td><td></td><td></td><td></td><td></td></tr>
<tr><td></td><td></td><td></td><td></td><td></td><td></td><td></td><td></td><td></td><td></td></tr>
<tr><td></td><td></td><td></td><td></td><td></td><td></td><td></td><td></td><td></td><td></td></tr>
<tr><td>备注</td><td colspan="10"></td></tr>
</table>

表 6.83　目录

编　号	科　　目	起讫页码	编　号	科　　目	起讫页码

表 6.84 ________总账

年		凭证编号	摘要	对方科目	借方										贷方										借或贷	余额									
月	日				千	百	十	万	千	百	十	元	角	分	千	百	十	万	千	百	十	元	角	分		千	百	十	万	千	百	十	元	角	分

表 6.84 续 ________ 总账

年		凭证编号	摘要	对方科目	借方										贷方										借或贷	余额									
月	日				千	百	十	万	千	百	十	元	角	分	千	百	十	万	千	百	十	元	角	分		千	百	十	万	千	百	十	元	角	分

(2) 根据上述记账凭证资料，采用科目汇总表会计核算程序登记总分类账(表 6.85 至表 6.88)。

表 6.85 科目汇总表

____年____月____日至______年____月____日

单位:元

记账凭证：　　字第　　号至第　　号　　　　　　　　　　　　　　　科汇字第____号

会计科目	本期发生额																			
	借方										贷方									
	千	百	十	万	千	百	十	元	角	分	千	百	十	万	千	百	十	元	角	分

表 6.85 续　科目汇总表

____年____月____日至______年____月____日

单位：元

记账凭证：　　字第　　号至第　　号　　　　　　　　科汇字第____号

会计科目	本期发生额																			
	借方										贷方									
	千	百	十	万	千	百	十	元	角	分	千	百	十	万	千	百	十	元	角	分

表 6.86 账簿启用及接交表

单位名称		公　　章
账簿名称	（第　册）	
账簿编号		
账簿页数	本账簿共计　　　页（本账簿页数检点人盖章　　）	
启用日期	公元　　年　　月　　日	

经管人员	单位主管		财务主管		复核		记账	
	姓名	盖章	姓名	盖章	姓名	盖章	姓名	盖章

接交记录	经管人员		接管				交出			
	职别	姓名	年	月	日	盖章	年	月	日	盖章

备注	

表 6.87　目录

编　号	科　　目	起讫页码	编　号	科　　目	起讫页码

表 6.88 ________总账

年		凭证编号	摘要	借方										贷方										借或贷	余额									
月	日			千	百	十	万	千	百	十	元	角	分	千	百	十	万	千	百	十	元	角	分		千	百	十	万	千	百	十	元	角	分

表 6.88 续 ________总账

年		凭证编号	摘要	借方										贷方										借或贷	余额									
月	日			千	百	十	万	千	百	十	元	角	分	千	百	十	万	千	百	十	元	角	分		千	百	十	万	千	百	十	元	角	分

（3）根据上述记账凭证资料，采用汇总记账凭证会计核算程序登记总分类账（表 6.89～表 6.114）。

表 6.89　汇总收款凭证

借方科目：库存现金　　　　年　　月　　　　汇收　第　　号

贷方科目	金额																																							
	1—10 日										11—20 日										21—31 日										合计									
	千	百	十	万	千	百	十	元	角	分	千	百	十	万	千	百	十	元	角	分	千	百	十	万	千	百	十	元	角	分	千	百	十	万	千	百	十	元	角	分
合　计																																								

表 6.90　汇总收款凭证

借方科目：银行存款　　　　年　　月　　　　汇收　第　　号

贷方科目	金额																																							
	1—10 日										11—20 日										21—31 日										合计									
	千	百	十	万	千	百	十	元	角	分	千	百	十	万	千	百	十	元	角	分	千	百	十	万	千	百	十	元	角	分	千	百	十	万	千	百	十	元	角	分
合　计																																								

表 6.91　汇总付款凭证

贷方科目:库存现金　　　　年　　月　　　　汇付　第　　号

借方科目	金额																																							
	1—10 日										11—20 日										21—31 日										合计									
	千	百	十	万	千	百	十	元	角	分	千	百	十	万	千	百	十	元	角	分	千	百	十	万	千	百	十	元	角	分	千	百	十	万	千	百	十	元	角	分
合计																																								

表 6.92　汇总付款凭证

贷方科目:银行存款　　　　年　　月　　　　汇付　第　　号

借方科目	金额																																							
	1—10 日										11—20 日										21—31 日										合计									
	千	百	十	万	千	百	十	元	角	分	千	百	十	万	千	百	十	元	角	分	千	百	十	万	千	百	十	元	角	分	千	百	十	万	千	百	十	元	角	分
合计																																								

表 6.93　汇总转账凭证

贷方科目:预付账款　　　　年　　月　　　　汇转　第　　号

借方科目	金额																																							
	1—10 日										11—20 日										21—31 日										合计									
	千	百	十	万	千	百	十	元	角	分	千	百	十	万	千	百	十	元	角	分	千	百	十	万	千	百	十	元	角	分	千	百	十	万	千	百	十	元	角	分
合计																																								

表 6.94 汇总转账凭证

贷方科目:其他应收款 年 月 汇转 第 号

借方科目	金额																																							
	1—10 日										11—20 日										21—31 日										合计									
	千	百	十	万	千	百	十	元	角	分	千	百	十	万	千	百	十	元	角	分	千	百	十	万	千	百	十	元	角	分	千	百	十	万	千	百	十	元	角	分
合 计																																								

表 6.95 汇总转账凭证

贷方科目:原材料 年 月 汇转 第 号

借方科目	金额																																							
	1—10 日										11—20 日										21—31 日										合计									
	千	百	十	万	千	百	十	元	角	分	千	百	十	万	千	百	十	元	角	分	千	百	十	万	千	百	十	元	角	分	千	百	十	万	千	百	十	元	角	分
合 计																																								

表 6.96 汇总转账凭证

贷方科目:库存商品 年 月 汇转 第 号

借方科目	金额																																							
	1—10 日										11—20 日										21—31 日										合计									
	千	百	十	万	千	百	十	元	角	分	千	百	十	万	千	百	十	元	角	分	千	百	十	万	千	百	十	元	角	分	千	百	十	万	千	百	十	元	角	分
合 计																																								

表 6.97　汇总转账凭证

贷方科目：累计折旧　　　　年　　月　　　　汇转　第　　号

借方科目	金额																																							
	1—10 日										11—20 日										21—31 日										合计									
	千	百	十	万	千	百	十	元	角	分	千	百	十	万	千	百	十	元	角	分	千	百	十	万	千	百	十	元	角	分	千	百	十	万	千	百	十	元	角	分
合计																																								

表 6.98　汇总转账凭证

贷方科目：应付账款　　　　年　　月　　　　汇转　第　　号

借方科目	金额																																							
	1—10 日										11—20 日										21—31 日										合计									
	千	百	十	万	千	百	十	元	角	分	千	百	十	万	千	百	十	元	角	分	千	百	十	万	千	百	十	元	角	分	千	百	十	万	千	百	十	元	角	分
合计																																								

表 6.99　汇总转账凭证

贷方科目：应付职工薪酬　　　　年　　月　　　　汇转　第　　号

借方科目	金额																																							
	1—10 日										11—20 日										21—31 日										合计									
	千	百	十	万	千	百	十	元	角	分	千	百	十	万	千	百	十	元	角	分	千	百	十	万	千	百	十	元	角	分	千	百	十	万	千	百	十	元	角	分
合计																																								

表 6.100　汇总转账凭证

贷方科目:应交税费　　　　年　　月　　　　汇转　第　　号

借方科目	金额																																							
	1—10 日										11—20 日										21—31 日										合计									
	千	百	十	万	千	百	十	元	角	分	千	百	十	万	千	百	十	元	角	分	千	百	十	万	千	百	十	元	角	分	千	百	十	万	千	百	十	元	角	分
合　计																																								

表 6.101　汇总转账凭证

贷方科目:本年利润　　　　年　　月　　　　汇转　第　　号

借方科目	金额																																							
	1—10 日										11—20 日										21—31 日										合计									
	千	百	十	万	千	百	十	元	角	分	千	百	十	万	千	百	十	元	角	分	千	百	十	万	千	百	十	元	角	分	千	百	十	万	千	百	十	元	角	分
合　计																																								

表 6.102　汇总转账凭证

贷方科目:生产成本　　　　年　　月　　　　汇转　第　　号

借方科目	金额																																							
	1—10 日										11—20 日										21—31 日										合计									
	千	百	十	万	千	百	十	元	角	分	千	百	十	万	千	百	十	元	角	分	千	百	十	万	千	百	十	元	角	分	千	百	十	万	千	百	十	元	角	分
合　计																																								

表 6.103　汇总转账凭证

贷方科目：制造费用　　　　年　　月　　　　汇转　第　　号

借方科目	金额																																							
	1—10 日										11—20 日										21—31 日										合计									
	千	百	十	万	千	百	十	元	角	分	千	百	十	万	千	百	十	元	角	分	千	百	十	万	千	百	十	元	角	分	千	百	十	万	千	百	十	元	角	分
合　计																																								

表 6.104　汇总转账凭证

贷方科目：主营业务成本　　　　年　　月　　　　汇转　第　　号

借方科目	金额																																							
	1—10 日										11—20 日										21—31 日										合计									
	千	百	十	万	千	百	十	元	角	分	千	百	十	万	千	百	十	元	角	分	千	百	十	万	千	百	十	元	角	分	千	百	十	万	千	百	十	元	角	分
合　计																																								

表 6.105　汇总转账凭证

贷方科目：其他业务成本　　　　年　　月　　　　汇转　第　　号

借方科目	金额																																							
	1—10 日										11—20 日										21—31 日										合计									
	千	百	十	万	千	百	十	元	角	分	千	百	十	万	千	百	十	元	角	分	千	百	十	万	千	百	十	元	角	分	千	百	十	万	千	百	十	元	角	分
合　计																																								

表 6.106 汇总转账凭证

贷方科目:税金及附加 年 月 汇转 第 号

借方科目	金 额																																							
	1—10 日										11—20 日										21—31 日										合计									
	千	百	十	万	千	百	十	元	角	分	千	百	十	万	千	百	十	元	角	分	千	百	十	万	千	百	十	元	角	分	千	百	十	万	千	百	十	元	角	分
合 计																																								

表 6.107 汇总转账凭证

贷方科目:销售费用 年 月 汇转 第 号

借方科目	金 额																																							
	1—10 日										11—20 日										21—31 日										合计									
	千	百	十	万	千	百	十	元	角	分	千	百	十	万	千	百	十	元	角	分	千	百	十	万	千	百	十	元	角	分	千	百	十	万	千	百	十	元	角	分
合 计																																								

表 6.108 汇总转账凭证

贷方科目:管理费用 年 月 汇转 第 号

借方科目	金 额																																							
	1—10 日										11—20 日										21—31 日										合计									
	千	百	十	万	千	百	十	元	角	分	千	百	十	万	千	百	十	元	角	分	千	百	十	万	千	百	十	元	角	分	千	百	十	万	千	百	十	元	角	分
合 计																																								

表 6.109　汇总转账凭证

贷方科目:财务费用　　　　年　　月　　　　汇转　第　　号

借方科目	金额																																							
	1—10 日										11—20 日										21—31 日										合计									
	千	百	十	万	千	百	十	元	角	分	千	百	十	万	千	百	十	元	角	分	千	百	十	万	千	百	十	元	角	分	千	百	十	万	千	百	十	元	角	分
合　计																																								

表 6.110　汇总转账凭证

贷方科目:营业外支出　　　　年　　月　　　　汇转　第　　号

借方科目	金额																																							
	1—10 日										11—20 日										21—31 日										合计									
	千	百	十	万	千	百	十	元	角	分	千	百	十	万	千	百	十	元	角	分	千	百	十	万	千	百	十	元	角	分	千	百	十	万	千	百	十	元	角	分
合　计																																								

表 6.111　汇总转账凭证

贷方科目:所得税费用　　　　年　　月　　　　汇转　第　　号

借方科目	金额																																							
	1—10 日										11—20 日										21—31 日										合计									
	千	百	十	万	千	百	十	元	角	分	千	百	十	万	千	百	十	元	角	分	千	百	十	万	千	百	十	元	角	分	千	百	十	万	千	百	十	元	角	分
合　计																																								

表 6.112　账簿启用及接交表

<table>
<tr><td>单位名称</td><td colspan="7"></td><td colspan="5">公　　章</td></tr>
<tr><td>账簿名称</td><td colspan="7">（第　册）</td><td colspan="5" rowspan="4"></td></tr>
<tr><td>账簿编号</td><td colspan="7"></td></tr>
<tr><td>账簿页数</td><td colspan="7">本账簿共计　　页（本账簿页数
检点人盖章　）</td></tr>
<tr><td>启用日期</td><td colspan="7">公元　年　月　日</td></tr>
<tr><td rowspan="3">经管人员</td><td colspan="2">单位主管</td><td colspan="2">财务主管</td><td colspan="4">复　核</td><td colspan="4">记　账</td></tr>
<tr><td>姓　名</td><td>盖章</td><td>姓　名</td><td>盖章</td><td colspan="3">姓　名</td><td>盖章</td><td colspan="3">姓　名</td><td>盖章</td></tr>
<tr><td></td><td></td><td></td><td></td><td colspan="3"></td><td></td><td colspan="3"></td><td></td></tr>
<tr><td rowspan="6">接交记录</td><td colspan="4">经　管　人　员</td><td colspan="4">接　管</td><td colspan="4">交　出</td></tr>
<tr><td colspan="2">职　别</td><td colspan="2">姓　名</td><td>年</td><td>月</td><td>日</td><td>盖章</td><td>年</td><td>月</td><td>日</td><td>盖章</td></tr>
<tr><td colspan="2"></td><td colspan="2"></td><td></td><td></td><td></td><td></td><td></td><td></td><td></td><td></td></tr>
<tr><td colspan="2"></td><td colspan="2"></td><td></td><td></td><td></td><td></td><td></td><td></td><td></td><td></td></tr>
<tr><td colspan="2"></td><td colspan="2"></td><td></td><td></td><td></td><td></td><td></td><td></td><td></td><td></td></tr>
<tr><td colspan="2"></td><td colspan="2"></td><td></td><td></td><td></td><td></td><td></td><td></td><td></td><td></td></tr>
<tr><td>备注</td><td colspan="12"></td></tr>
</table>

表 6.113 目录

编 号	科 目	起讫页码	编 号	科 目	起讫页码

表 6.114 ________ 总账

年		凭证编号	摘要	借方										贷方										借或贷	余额									
月	日			千	百	十	万	千	百	十	元	角	分	千	百	十	万	千	百	十	元	角	分		千	百	十	万	千	百	十	元	角	分

表 6.114 续 ________ 总账

年		凭证编号	摘要	借方										贷方										借或贷	余额									
月	日			千	百	十	万	千	百	十	元	角	分	千	百	十	万	千	百	十	元	角	分		千	百	十	万	千	百	十	元	角	分

任务四 错账更正训练

实训目的

(1) 熟悉几种常见的错账类型;
(2) 掌握错账更正的几种方法及具体的运用。

实训时间

完成本次实训需 2 学时。

实训用品

记账凭证、总账账页、计算器、尺子、钢笔等。

实训资料

要求:根据下列有关经济业务及填制的记账凭证与会计账簿进行错账更正。

某企业采用记账凭证账务处理程序。该企业 20 * 4 年 10 月 1 日开始营业,该企业享受免税优惠,无各项税费支出,本年末不进行利润分配。10 月 1 日各账户余额如表 6.115 所示。

说明:本题按照记账凭证账务处理程序方法处理。

表 6.115 账户余额表

会计科目	借方余额	贷方余额
库存现金	4 000	
银行存款	90 000	
原材料	15 000	
固定资产	340 000	
短期借款		42 000
长期借款		95 000
实收资本		312 000
合计	449 000	449 000

10 月份该工厂发生下列经济业务:

(1) 5 日,从银行提取备用金 1 000 元。

(2) 7 日,以银行存款 1 200 元支付水电费,其中生产产品用 800 元,行政管理部门用 400 元。

(3) 12 日，生产车间领用原材料 10 000 元用于产品生产。

(4) 13 日，结算上月应付职工薪酬 30 000 元，其中生产工人工资 22 000 元，行政管理人员工资 8 000 元。

(5) 15 日，从银行提取现金 30 000 元以备发放工资。

(6) 15 日，用库存现金 30 000 元发放职工工资。

(7) 26 日，销售产品，取得收入 20 000 元，销项税额 2 600 元，款项存入银行。

(8) 31 日，计提固定资产折旧 4 500 元，其中生产车间固定资产折旧 4 000 元，行政管理部门 500 元。

(9) 31 日，结转本月完工产品生产成本 32 800 元。

(10) 31 日，结转已售产品的成本 18 000 元。

该工厂本月编制的记账凭证和总分类账如表 6.116～表 6.136 所示。

表 6.116　付款凭证

凭证字：银付

贷方科目：银行存款　　　　20 * 4 年 10 月 5 日　　　　凭证号：1

摘　　要	借方总账科目	明细科目	借方金额										记账符号
			千	百	十	万	千	百	十	元	角	分	
提取现金	库存现金						1	0	0	0	0	0	
合　　计						¥	1	0	0	0	0	0	

附单据 1 张

会计主管：赵佑保　记账：孙龙琴　出纳：钱玉玲　审核：周淑娟　制单：李梅雪

表 6.117　付款凭证

凭证字：银付

贷方科目：银行存款　　　　20 * 4 年 10 月 7 日　　　　凭证号：2

摘　　要	借方总账科目	明细科目	借方金额										记账符号
			千	百	十	万	千	百	十	元	角	分	
支付水电费	生产成本							4	0	0	0	0	
	管理费用							8	0	0	0	0	
合　　计						¥	1	2	0	0	0	0	

附单据 2 张

会计主管：赵佑保　记账：孙龙琴　出纳：钱玉玲　审核：周淑娟　制单：李梅雪

表 6.118 转账凭证

凭证字：转

20＊4 年 10 月 12 日　　凭证号：1

摘要	总账科目	明细科目	借方金额										贷方金额										记账符号
			千	百	十	万	千	百	十	元	角	分	千	百	十	万	千	百	十	元	角	分	
车间生产产品领用原材料	生产成本					1	0	0	0	0	0	0											
	原材料															1	0	0	0	0	0	0	
合计					¥	1	0	0	0	0	0	0			¥	1	0	0	0	0	0	0	

附单据 1 张

会计主管：赵佑保　记账：孙龙琴　审核：周淑娟　制单：李梅雪

表 6.119 转账凭证

凭证字：转

20＊4 年 10 月 12 日　　凭证号：2

摘要	总账科目	明细科目	借方金额										贷方金额										记账符号
			千	百	十	万	千	百	十	元	角	分	千	百	十	万	千	百	十	元	角	分	
计提本月职工工资	生产成本				2	2	0	0	0	0	0	0											
	管理费用					8	0	0	0	0	0	0											
	应付职工薪酬														3	0	0	0	0	0	0	0	
合计				¥	3	0	0	0	0	0	0	0		¥	3	0	0	0	0	0	0	0	

附单据 1 张

会计主管：赵佑保　记账：孙龙琴　审核：周淑娟　制单：李梅雪

表 6.120 付款凭证

凭证字：银付

贷方科目：银行存款　　20＊4 年 10 月 15 日　　凭证号：3

摘要	借方总账科目	明细科目	借方金额 千	百	十	万	千	百	十	元	角	分	记账符号
提取现金	库存现金					3	0	0	0	0	0	0	
合　计					¥	3	0	0	0	0	0	0	

附单据 1 张

会计主管：赵佑保　记账：孙龙琴　出纳：钱玉玲　审核：周淑娟　制单：李梅雪

表 6.121 付款凭证

凭证字：现付

贷方科目：库存现金　　20＊4 年 10 月 15 日　　凭证号：1

摘要	借方总账科目	明细科目	借方金额 千	百	十	万	千	百	十	元	角	分	记账符号
发放工资	应付职工薪酬	工资				3	0	0	0	0	0	0	
合　计					¥	3	0	0	0	0	0	0	

附单据 2 张

会计主管：赵佑保　记账：孙龙琴　出纳：钱玉玲　审核：周淑娟　制单：李梅雪

表 6.122　收款凭证

凭证字：银收

借方科目：银行存款　　　　20 * 4 年 10 月 26 日　　　　凭证号：1

摘　要	贷方总账科目	明细科目	贷方金额										记账符号
			千	百	十	万	千	百	十	元	角	分	
销售甲产品	主营业务收入	甲产品				2	0	0	0	0	0	0	
	应交税费	应交增值税（销项税额）				2	6	0	0	0	0	0	
合　计					¥	2	2	6	0	0	0	0	

附单据 2 张

会计主管：赵佑保　记账：孙龙琴　出纳：钱玉玲　审核：周淑娟　制单：李梅雪

表 6.123　转账凭证

凭证字：转

20 * 4 年 10 月 31 日　　　　凭证号：3

摘　要	总账科目	明细科目	借方金额										贷方金额										记账符号
			千	百	十	万	千	百	十	元	角	分	千	百	十	万	千	百	十	元	角	分	
计提固定资产折旧	制造费用						4	0	0	0	0	0											
	管理费用							5	0	0	0	0											
	累计折旧																4	5	0	0	0	0	
合　计						¥	4	5	0	0	0	0				¥	4	5	0	0	0	0	

附单据 1 张

会计主管：赵佑保　记账：孙龙琴　审核：周淑娟　制单：李梅雪

表 6.124　转账凭证

凭证字：转

20＊4 年 10 月 31 日　　　　凭证号：4

摘　　要	总账科目	明细科目	借方金额										贷方金额										记账符号
			千	百	十	万	千	百	十	元	角	分	千	百	十	万	千	百	十	元	角	分	
结转完工产品成本	库存商品					3	2	0	0	0	0	0											
	生产成本															3	2	0	0	0	0	0	
合　　计					¥	3	2	0	0	0	0	0			¥	3	2	0	0	0	0	0	

附单据 1 张

会计主管：赵佑保　　记账：孙龙琴　　审核：周淑娟　　制单：李梅雪

表 6.125　转账凭证

凭证字：转

20＊4 年 10 月 31 日　　　　凭证号：5

摘　　要	总账科目	明细科目	借方金额										贷方金额										记账符号
			千	百	十	万	千	百	十	元	角	分	千	百	十	万	千	百	十	元	角	分	
结转已售产品成本	主营业务成本					1	8	0	0	0	0	0											
	库存商品															1	8	0	0	0	0	0	
合　　计					¥	1	8	0	0	0	0	0			¥	1	8	0	0	0	0	0	

附单据 1 张

会计主管：赵佑保　　记账：孙龙琴　　审核：周淑娟　　制单：李梅雪

表 6.126 库存现金总分类账

20*4年		凭证字号	摘要	对方科目	借方										贷方										借或贷	余额									
月	日				千	百	十	万	千	百	十	元	角	分	千	百	十	万	千	百	十	元	角	分		千	百	十	万	千	百	十	元	角	分
10	1	略	期初余额																						借					4	0	0	0	0	0
10	5		提取现金						1	0	0	0	0	0											借					5	0	0	0	0	0
10	15		提取现金					3	0	0	0	0	0	0											借				3	5	0	0	0	0	0
10	15		发放工资															3	0	0	0	0	0	0	借					5	0	0	0	0	0

表 6.127 银行存款总分类账

20*4年		凭证字号	摘要	对方科目	借方										贷方										借或贷	余额									
月	日				千	百	十	万	千	百	十	元	角	分	千	百	十	万	千	百	十	元	角	分		千	百	十	万	千	百	十	元	角	分
10	1	略	期初余额																						借				9	0	0	0	0	0	0
10	5		提取现金																1	0	0	0	0	0	借				8	9	0	0	0	0	0
10	7		支付水电费																1	2	0	0	0	0	借				8	7	8	0	0	0	0
10	15		提取现金															3	0	0	0	0	0	0	借				5	7	8	0	0	0	0
10	26		销售产品					2	2	6	0	0	0	0											借				8	0	4	0	0	0	0

表 6.128　生产成本总分类账

20*4年		凭证字号	摘　要	对方科目	借　方										贷　方										借或贷	余　额									
月	日				千	百	十	万	千	百	十	元	角	分	千	百	十	万	千	百	十	元	角	分		千	百	十	万	千	百	十	元	角	分
10	7	略	支付水电费							4	0	0	0	0											借						4	0	0	0	0
10	12		生产领用原材料					1	0	0	0	0	0	0											借				1	0	4	0	0	0	0
10	13		结转生产工人工资					2	0	0	0	0	0	0											借				3	0	4	0	0	0	0
10	31		结转完工产品成本															3	2	0	0	0	0	0	贷					1	6	0	0	0	0

表 6.129　管理费用总分类账

20*4年		凭证字号	摘　要	对方科目	借　方										贷　方										借或贷	余　额									
月	日				千	百	十	万	千	百	十	元	角	分	千	百	十	万	千	百	十	元	角	分		千	百	十	万	千	百	十	元	角	分
10	7	略	支付水电费							8	0	0	0	0											借						8	0	0	0	0
10	13		结算管理人员工资						8	0	0	0	0	0											借					8	8	0	0	0	0

表 6.130　原材料总分类账

20*4年		凭证字号	摘　要	对方科目	借　方										贷　方										借或贷	余　额									
月	日				千	百	十	万	千	百	十	元	角	分	千	百	十	万	千	百	十	元	角	分		千	百	十	万	千	百	十	元	角	分
10	1	略	期初余额																						借				1	5	0	0	0	0	0
10	12		生产领用															1	0	0	0	0	0	0	借					5	0	0	0	0	0

表 6.131　应付职工薪酬总分类账

20*4年		凭证字号	摘要	对方科目	借方										贷方										借或贷	余额									
月	日				千	百	十	万	千	百	十	元	角	分	千	百	十	万	千	百	十	元	角	分		千	百	十	万	千	百	十	元	角	分
10	12	略	结算上月工资															3	0	0	0	0	0	0	贷				3	0	0	0	0	0	0
10	15		支付职工工资					3	0	0	0	0	0	0											平							—	0	—	

表 6.132　主营业务收入总分类账

20*4年		凭证字号	摘要	对方科目	借方										贷方										借或贷	余额									
月	日				千	百	十	万	千	百	十	元	角	分	千	百	十	万	千	百	十	元	角	分		千	百	十	万	千	百	十	元	角	分
10	26	略	销售产品															2	0	0	0	0	0	0	贷				2	0	0	0	0	0	0

表 6.133　制造费用总分类账

20*4年		凭证字号	摘要	对方科目	借方										贷方										借或贷	余额									
月	日				千	百	十	万	千	百	十	元	角	分	千	百	十	万	千	百	十	元	角	分		千	百	十	万	千	百	十	元	角	分
10	31	略	计提固定资产折旧						4	0	0	0	0	0											借					4	0	0	0	0	0

表 6.134 累计折旧总分类账

20*4年		凭证字号	摘要	对方科目	借方										贷方										借或贷	余额									
月	日				千	百	十	万	千	百	十	元	角	分	千	百	十	万	千	百	十	元	角	分		千	百	十	万	千	百	十	元	角	分
10	31	略	计提固定资产折旧																4	5	0	0	0	0	贷					4	5	0	0	0	0

表 6.135 库存商品总分类账

20*4年		凭证字号	摘要	对方科目	借方										贷方										借或贷	余额									
月	日				千	百	十	万	千	百	十	元	角	分	千	百	十	万	千	百	十	元	角	分		千	百	十	万	千	百	十	元	角	分
10	31	略	结转完工产品成本					3	2	0	0	0	0	0											借				3	2	0	0	0	0	0
10	31		结转已售产品成本															1	8	0	0	0	0	0	借				1	4	0	0	0	0	0

表 6.136 主营业务成本总分类账

20*4年		凭证字号	摘要	对方科目	借方										贷方										借或贷	余额									
月	日				千	百	十	万	千	百	十	元	角	分	千	百	十	万	千	百	十	元	角	分		千	百	十	万	千	百	十	元	角	分
10	31	略	结转已售产品成本					1	8	0	0	0	0	0											借				1	8	0	0	0	0	0

实训要求

根据上述记账凭证与会计账簿等资料进行错账更正。

任务五　对账与结账训练

实训目的

(1) 了解对账的内容及方法；
(2) 熟悉结账的内容，掌握结账的基本工作及操作方法。

实训时间

完成本次实训需 2 学时。

实训用品

日记账账页、总账账页、明细账账页、计算器、尺子、钢笔等。

实训资料

根据任务四库存现金期初余额及 10 月份发生额和下列 11 月份、12 月份发生的经济业务练习库存现金总账的月结、季结与年结处理。11、12 月份库存现金账户发生了下列经济业务(表 6.137～表 6.148)：

表 6.137　付款凭证

凭证字：银付

贷方科目：银行存款　　　　20＊4 年 11 月 2 日　　　　凭证号：1

摘　要	借方总账科目	明细科目	借方金额										记账符号
			千	百	十	万	千	百	十	元	角	分	
提取现金	库存现金						2	0	0	0	0	0	
合　计						¥	2	0	0	0	0	0	

附单据 1 张

会计主管：　　记账：　　出纳：钱玉玲　　审核：周淑娟　　制单：李梅雪

表 6.138 付款凭证

凭证字：现付

贷方科目：库存现金　　20 * 4 年 11 月 8 日　　凭证号：1

摘 要	借方总账科目	明细科目	借方金额										记账符号
			千	百	十	万	千	百	十	元	角	分	
职工李华借差旅费	其他应收款	李华					1	2	0	0	0	0	
合 计						¥	1	2	0	0	0	0	

附单据 2 张

会计主管：　记账：　出纳：钱玉玲　审核：周淑娟　制单：李梅雪

表 6.139 付款凭证

凭证字：银付

贷方科目：银行存款　　20 * 4 年 11 月 15 日　　凭证号：2

摘 要	借方总账科目	明细科目	借方金额										记账符号
			千	百	十	万	千	百	十	元	角	分	
提取现金	库存现金					3	0	0	0	0	0	0	
合 计					¥	3	0	0	0	0	0	0	

附单据 1 张

会计主管：　记账：　出纳：钱玉玲　审核：周淑娟　制单：李梅雪

表 6.140　付款凭证

凭证字：现付

贷方科目：库存现金　　　　20＊4 年 11 月 15 日　　　　凭证号：2

摘　要	借方总账科目	明细科目	借方金额										记账符号
			千	百	十	万	千	百	十	元	角	分	
发放工资	应付职工薪酬					3	0	0	0	0	0	0	
合　计					¥	3	0	0	0	0	0	0	

附单据 1 张

会计主管：　　记账：　　出纳：钱玉玲　　审核：周淑娟　　制单：李梅雪

表 6.141　付款凭证

凭证字：现付

贷方科目：库存现金　　　　20＊4 年 11 月 28 日　　　　凭证号：3

摘　要	借方总账科目	明细科目	借方金额										记账符号
			千	百	十	万	千	百	十	元	角	分	
购办公用品	管理费用							3	5	0	0	0	
合　计							¥	3	5	0	0	0	

附单据 2 张

会计主管：　　记账：　　出纳：钱玉玲　　审核：周淑娟　　制单：李梅雪

表 6.142　付款凭证

凭证字：银付

贷方科目：银行存款　　20＊4 年 12 月 1 日　　凭证号：1

摘　要	借方总账科目	明细科目	借方金额										记账符号
			千	百	十	万	千	百	十	元	角	分	
提取现金	库存现金						5	0	0	0	0	0	
合　计						¥	5	0	0	0	0	0	

附单据 1 张

会计主管：　记账：　出纳：钱玉玲　审核：周淑娟　制单：李梅雪

表 6.143　付款凭证

凭证字：现付

贷方科目：库存现金　　20＊4 年 12 月 8 日　　凭证号：1

摘　要	借方总账科目	明细科目	借方金额										记账符号
			千	百	十	万	千	百	十	元	角	分	
支付业务招待费	管理费用						2	5	0	0	0	0	
合　计						¥	2	5	0	0	0	0	

附单据 1 张

会计主管：　记账：　出纳：钱玉玲　审核：周淑娟　制单：李梅雪

表 6.144　付款凭证

凭证字：现付

贷方科目：库存现金　　　　20＊4 年 12 月 12 日　　　　凭证号：2

摘　要	借方总账科目	明细科目	借方金额										记账符号
			千	百	十	万	千	百	十	元	角	分	
支付工会经费	管理费用						2	0	0	0	0	0	
合　计						¥	2	0	0	0	0	0	

附单据 1 张

会计主管：　记账：　出纳：钱玉玲　审核：周淑娟　制单：李梅雪

表 6.145　付款凭证

凭证字：银付

贷方科目：银行存款　　　　20＊4 年 12 月 15 日　　　　凭证号：2

摘　要	借方总账科目	明细科目	借方金额										记账符号
			千	百	十	万	千	百	十	元	角	分	
提取现金	库存现金					3	0	0	0	0	0	0	
合　计					¥	3	0	0	0	0	0	0	

附单据 1 张

会计主管：　记账：　出纳：钱玉玲　审核：周淑娟　制单：李梅雪

表 6.146　付款凭证

凭证字：现付

贷方科目：库存现金　　　　20＊4 年 12 月 15 日　　　　凭证号：3

摘　要	借方总账科目	明细科目	借方金额										记账符号
			千	百	十	万	千	百	十	元	角	分	
发放工资	应付职工薪酬					3	0	0	0	0	0	0	
合　计					¥	3	0	0	0	0	0	0	

附单据 2 张

会计主管：　　记账：　　出纳：钱玉玲　　审核：周淑娟　　制单：李梅雪

表 6.147　收款凭证

凭证字：现收

借方科目：库存现金　　　　20＊4 年 12 月 22 日　　　　凭证号：1

摘　要	贷方总账科目	明细科目	贷方金额										记账符号
			千	百	十	万	千	百	十	元	角	分	
李华报销差旅费交余款	其他应收款	李华						2	0	0	0	0	
合　计							¥	2	0	0	0	0	

附单据 1 张

会计主管：　　记账：　　出纳：钱玉玲　　审核：周淑娟　　制单：李梅雪

表 6.148　付款凭证

凭证字：现付

贷方科目：库存现金　　　　20＊4 年 12 月 30 日　　　　凭证号：4

摘　要	借方总账科目	明细科目	借方金额										记账符号
			千	百	十	万	千	百	十	元	角	分	
购办公用品	管理费用							1	1	0	0	0	
合　计							¥	1	1	0	0	0	

附单据 2 张

会计主管：　　记账：　　出纳：钱玉玲　　审核：周淑娟　　制单：李梅雪

实训要求

登记 10 月、11 月、12 月的库存现金总账并进行月结、季结、年结处理(表 6.149)。

表 6.149　库存现金总分类账

年		凭证编号	摘要	对方科目	借方										贷方										借或贷	余额									
月	日				千	百	十	万	千	百	十	元	角	分	千	百	十	万	千	百	十	元	角	分		千	百	十	万	千	百	十	元	角	分

表 6.149 续　库存现金总分类账

年		凭证编号	摘　要	对方科目	借　方										贷　方										借或贷	余　额									
月	日				千	百	十	万	千	百	十	元	角	分	千	百	十	万	千	百	十	元	角	分		千	百	十	万	千	百	十	元	角	分

项目七　会计报表编制

实训目标

(1) 能根据企业账簿资料编制资产负债表和利润表；
(2) 能利用资产负债表、利润表数据之间的勾稽关系进行核对。

任务一　资产负债表编制训练

实训目的

(1) 熟悉资产负债表的结构和内容；
(2) 掌握资产负债表的编制方法。

实训时间

完成本次实训需要 4 学时。

实训资料

大华公司 20＊4 年 12 月 31 日各有关账户资料如表 7.1～表 7.52 所示。

表 7.1　库存现金总账

单位:元

20＊4年		记账凭证编号	摘　要	借方	贷方	借或贷	余额
月	日						
12	1		月初余额			借	5 000
12	9	付 4	购入车间劳保用品		800	借	4 200
12	11	付 6	支付销售 A 产品运杂费		400	借	3 800
12	15	付 8	提现	60 000		借	63 800

续表

20*4年		记账凭证编号	摘　要	借方	贷方	借或贷	余额
月	日						
12	15	付9	发放工资		60 000	借	3 800
12	18	付10	购买办公用品		160	借	3 640
12	23	付11	王萍预借差旅费		1 000	借	2 640
12	26	收5	退回预借差旅费	140		借	2 780
12	31		本月合计	60 140	62 360		2 780

表7.2　银行存款总账

单位:元

20*4年		记账凭证编号	摘　要	借方	贷方	借或贷	余额
月	日						
12	1		月初余额			借	2 390 000
12	2	收1	收到红光公司前欠货款	100 000		借	2 490 000
12	4	付1	购入甲材料		22 600	借	2 467 400
12	5	付2	缴纳税金		98 700	借	2 368 700
12	9	付3	支付欠明光公司货款		80 000	借	2 288 700
12	10	收2	销售A产品	91 078		借	2 379 778
12	10	付5	支付广告费		20 000	借	2 359 778
12	13	付7	购入一辆汽车		120 000	借	2 239 778
12	15	付8	提现		60 000	借	2 179 778
12	19	收3	销售A产品	84 072		借	2 263 850
12	24	收4	销售乙材料	16 950		借	2 280 800
12	25	付12	支付税收滞纳金		3 000	借	2 277 800
12	31	收6	收到罚金	4 000		借	2 281 800
12	31			296 100	404 300		2 281 800

表7.3　应收票据总账

单位:元

20*4年		记账凭证编号	摘　要	借方	贷方	借或贷	余额
月	日						
12	1		月初余额			借	76 400

表 7.4　应收账款总账

单位:元

20＊4年		记账凭证编号	摘　要	借方	贷方	借或贷	余额
月	日						
12	1		月初余额			借	135 000
12	2	收 1	收到红光公司前欠货款		100 000	借	35 000
12	12	转 1	向茂源公司销售 B 产品	73 450		借	108 450
12	31		本月合计	73 450	108 450	借	108 450

表 7.5　其他应收款总账

单位:元

20＊4年		记账凭证编号	摘　要	借方	贷方	借或贷	余额
月	日						
12	23	付 11	王萍预借差旅费	1 000		借	1 000
12	26	转 2	报销差旅费		860	借	140
12	26	收 5	退回预借差旅费		140	平	0
12	31		本月合计	1 000	1 000	平	0

表 7.6　在途物资总账

单位:元

20＊4年		记账凭证编号	摘　要	借方	贷方	借或贷	余额
月	日						
12	28	转 3	购入乙材料	30 000		借	30 000
12	31		本月合计	30 000		借	30 000

表 7.7　原材料总账

单位:元

20＊4年		记账凭证编号	摘　要	借方	贷方	借或贷	余额
月	日						
12	1		月初余额			借	170 000
12	4	付 1	购入甲材料	20 000		借	190 000
12	31	转 6	结转本月发出材料成本		125 000	借	65 000
12	31		本月合计	20 000	125 000	借	65 000

表 7.8　生产成本总账

单位:元

20＊4 年		记账凭证编号	摘　要	借方	贷方	借或贷	余额
月	日						
12	31	转 4	结算本月工资	50 000		借	50 000
12	31	转 5	计提职工福利费	7 000		借	57 000
12	31	转 6	结转本月发出材料成本	104 000		借	161 000
12	31	转 7	计算本月水电费	38 000		借	199 000
12	31	转 9	结转制造费用	22 940		借	221 940
12	31	转 10	结转本月完工产品		182 720	借	39 220
12	31		本月合计	221 940	182 720	借	39 220

表 7.9　制造费用总账

单位:元

20＊4 年		记账凭证编号	摘　要	借方	贷方	借或贷	余额
月	日						
12	9	付 4	购入车间劳保用品	800		借	800
12	31	转 4	结算本月工资	5 000			
12	31	转 5	计提职工福利费	700			
12	31	转 6	结转本月发出材料成本	12 000			
12	31	转 7	计算本月水电费	2 560			
12	31	转 8	计提本月折旧	1 880			
12	31	转 9	结转制造费用		22 940	平	0
12	31		本月合计	22 940	22 940	平	0

表 7.10　库存商品总账

单位:元

20＊4 年		记账凭证编号	摘　要	借方	贷方	借或贷	余额
月	日						
12	1		月初余额			借	242 852
12	31	转 10	结转本月完工产品	182 720		借	425 572
12	31	转 11	结转销售成本		112 807.50	借	312 764.50
12	31		本月合计	182 720	112 807.50	借	312 764.50

表 7.11　固定资产总账

单位:元

20＊4年		记账凭证编号	摘　要	借方	贷方	借或贷	余额
月	日						
12	1		月初余额			借	3 263 000
12	13	付 7	购入一辆汽车	120 000		借	3 383 000
12	31		本月合计	120 000		借	3 383 000

表 7.12　累计折旧总账

单位:元

20＊4年		记账凭证编号	摘　要	借方	贷方	借或贷	余额
月	日						
12	1		月初余额			贷	900 000
12	31	转 8	计提本月折旧		3 080	贷	903 080
12	31		本月合计		3 080	贷	903 080

表 7.13　无形资产总账

单位:元

20＊4年		记账凭证编号	摘　要	借方	贷方	借或贷	余额
月	日						
12	1		月初余额			借	610 000

表 7.14　累计摊销总账

单位:元

20＊4年		记账凭证编号	摘　要	借方	贷方	借或贷	余额
月	日						
12	1		月初余额			贷	200 500

表 7.15　应付票据总账

单位:元

20＊4年		记账凭证编号	摘　要	借方	贷方	借或贷	余额
月	日						
12	1		月初余额			贷	200 000

表 7.16　应付账款总账

单位:元

20*4年		记账凭证编号	摘　要	借方	贷方	借或贷	余额
月	日						
12	1		月初余额			贷	60 000
12	9	付 3	支付欠明光公司货款	80 000		借	20 000
12	28	转 3	向明光公司购入乙材料		33 900	贷	13 900
12	31		本月合计	80 000	33 900	贷	13 900

表 7.17　应付职工薪酬总账

单位:元

20*4年		记账凭证编号	摘　要	借方	贷方	借或贷	余额
月	日						
12	1		月初余额			贷	160 000
12	9	付 9	发放工资	60 000		贷	100 000
12	31	转 4	结算本月工资		60 000	贷	160 000
12	31	转 5	计提职工福利费		8 400	贷	168 400
12	31		本月合计	60 000	68 400	贷	168 400

表 7.18　应交税费总账

单位:元

20*4年		记账凭证编号	摘　要	借方	贷方	借或贷	余额
月	日						
12	1		月初余额			贷	98 700
12	4	付 1	购入甲材料	2 600		贷	96 100
12	5	付 2	缴纳税金	98 700		借	2 600
12	10	收 2	销售 A 产品		10 478	贷	7 878
12	12	转 1	销售 B 产品		8 450	贷	16 328
12	19	收 3	销售 A 产品		9 672	贷	26 000
12	24	收 4	销售乙材料		1 950	贷	27 950
12	28	转 3	购入乙材料	3 900		贷	24 050
12	31	转 7	计算本月水电费	5 532.80		贷	18 517.20
12	31	转 15	计算本月应交所得税		20 468.13	贷	38 985.33
12	31		本月合计	110 732.80	51 018.13	贷	38 985.33

表 7.19 应付利息总账

单位:元

20*4年 月	日	记账凭证编号	摘要	借方	贷方	借或贷	余额
12	31	转 12	计提本月借款利息		2 000	贷	2 000
12	31		本月合计		2 000	贷	2 000

表 7.20 应付利润总账

单位:元

20*4年 月	日	记账凭证编号	摘要	借方	贷方	借或贷	余额
12	31	转 19	向投资者分配利润		20 000	贷	20 000
12	31		本月合计		20 000	贷	20 000

表 7.21 其他应付款总账

单位:元

20*4年 月	日	记账凭证编号	摘要	借方	贷方	借或贷	余额
12	31	转 7	本月应付水电费		48 092.80	贷	48 092.80
12	31		本月合计		48 092.80	贷	48 092.80

表 7.22 长期借款总账

单位:元

20*4年 月	日	记账凭证编号	摘要	借方	贷方	借或贷	余额
12	1		月初余额			贷	500 000
12	31		本月合计			贷	500 000

表 7.23 实收资本总账

单位:元

20*4年 月	日	记账凭证编号	摘要	借方	贷方	借或贷	余额
12	1		月初余额			贷	2 100 000

表 7.24　资本公积总账

单位:元

20＊4 年		记账凭证编号	摘　要	借方	贷方	借或贷	余额
月	日						
12	1		月初余额			贷	500 000

表 7.25　盈余公积总账

单位:元

20＊4 年		记账凭证编号	摘　要	借方	贷方	借或贷	余额
月	日						
12	1		月初余额			贷	390 000
12	31	转 18	提取法定盈余公积		135 595.64	贷	525 595.64
12	31		本月合计		135 595.64	贷	525 595.64

表 7.26　本年利润总账

单位:元

20＊4 年		记账凭证编号	摘　要	借方	贷方	借或贷	余额
月	日						
12	1		月初余额			贷	1 294 552
12	31	转 13	转入收入		239 000	贷	1 533 552
12	31	转 14	转入成本费用	157 127.50		贷	1 376 424.50
12	31	转 16	转入所得税	20 468.13		贷	1 355 956.37
12	31	转 17	转销	1 355 956.37		平	0
12	31		本月合计	1 533 552	239 000	平	0

表 7.27　利润分配总账

单位:元

20＊4 年		记账凭证编号	摘　要	借方	贷方	借或贷	余额
月	日						
12	1		月初余额			贷	488 500
12	31	转 17	转入净利润		1 355 956.37	贷	1 844 456.37
12	31	转 18	提取法定盈余公积	135 595.64		贷	1 708 860.73
12	31	转 19	向投资者分配利润	20 000		贷	1 688 860.73
12	31	转 20	结转	155 595.64	155 595.64	贷	1 688 860.73
12	31		本月合计	311 191.28	1 511 552.01	贷	1 688 860.73

表 7.28　主营业务收入总账

单位:元

20＊4年		记账凭证编号	摘　要	借方	贷方	借或贷	余额
月	日						
12	10	收 2	销售 A 产品		80 600	贷	80 600
12	12	转 1	销售 B 产品		65 000	贷	145 600
12	19	收 3	销售 A 产品		74 400	贷	220 000
12	31	转 13	转销	220 000		平	0
12	31		本月合计	220 000	220 000	平	0

表 7.29　主营业务成本总账

单位:元

20＊4年		记账凭证编号	摘　要	借方	贷方	借或贷	余额
月	日						
12	31	转 11	结转销售成本	112 807.50		借	112 807.50
12	31	转 14	转销		112 807.50	平	0
12	31		本月合计	112 807.50	112 807.50	平	0

表 7.30　其他业务收入总账

单位:元

20＊4年		记账凭证编号	摘　要	借方	贷方	借或贷	余额
月	日						
12	24	收 4	销售乙材料		15 000	贷	15 000
12	31	转 13	转销	15 000		平	0
12	31		本月合计	15 000	15 000	平	0

表 7.31　其他业务成本总账

单位:元

20＊4年		记账凭证编号	摘　要	借方	贷方	借或贷	余额
月	日						
12	31	转 6	结转本月发出材料成本	9 000		借	9 000
12	31	转 14	转销		9 000	平	0
12	31		本月合计	9 000	9 000	平	0

表 7.32　销售费用总账

单位:元

20＊4 年		记账凭证编号	摘　要	借方	贷方	借或贷	余额
月	日						
12	10	付 5	支付广告费	20 000		借	20 000
12	11	付 6	支付销售 A 产品运杂费	400		借	20 400
12	31	转 14	转销		20 400	平	0
12	31		本月合计	20 400	20 400	平	0

表 7.33　管理费用总账

单位:元

20＊4 年		记账凭证编号	摘　要	借方	贷方	借或贷	余额
月	日						
12	18	付 10	购买办公用品	160		借	160
12	26	转 2	报销差旅费	860		借	1 020
12	31	转 4	结算本月工资	5 000		借	6 020
12	31	转 5	计提职工福利费	700		借	6 720
12	31	转 7	计算本月水电费	2 000		借	8 720
12	31	转 8	计提本月折旧	1 200		借	9 920
12	31	转 14	转销		9 920	平	0
12	31		本月合计	9 920	9 920	平	0

表 7.34　财务费用总账

单位:元

20＊4 年		记账凭证编号	摘　要	借方	贷方	借或贷	余额
月	日						
12	31	转 12	计提本月借款利息	2 000		借	2 000
12	31	转 14	转销		2 000	平	0
12	31		本月合计	2 000	2 000	平	0

表 7.35　所得税费用总账

单位:元

20＊4 年		记账凭证编号	摘　要	借方	贷方	借或贷	余额
月	日						
12	31	转 15	计算本月应交所得税	20 468.13		借	20 468.13
12	31	转 16	转销		20 468.13	平	0
12	31		本月合计	20 468.13	20 468.13	平	0

表 7.36　营业外收入总账

单位:元

20＊4 年		记账凭证编号	摘　要	借方	贷方	借或贷	余额
月	日						
12	31	收 6	收到罚金		4 000	贷	4 000
12	31	转 13	转销	4 000		平	0
12	31		本月合计	4 000	4 000	平	0

表 7.37　营业外支出总账

单位:元

20＊4 年		记账凭证编号	摘　要	借方	贷方	借或贷	余额
月	日						
12	25	付 13	支付税收滞纳金	3 000		借	3 000
12	31	转 14	转销		3 000	平	0
12	31		本月合计	3 000	3 000	平	0

表 7.38　应收账款明细账

二级科目名称:红达公司　　单位:元

20＊4 年		记账凭证编号	摘　要	借方	贷方	借或贷	余额
月	日						
12	1		月初余额			借	190 000
12	2	收 1	收到前欠货款		100 000	借	90 000
12	31		本月合计		100 000	借	90 000

表 7.39　应收账款明细账

二级科目名称:昌盛公司　　单位:元

20＊4 年		记账凭证编号	摘　要	借方	贷方	借或贷	余额
月	日						
12	1		月初余额			贷	55 000
12	31		本月合计			贷	55 000

表 7.40 应收账款明细账

二级科目名称:茂源公司 单位:元

20＊4年		记账凭证编号	摘要	借方	贷方	借或贷	余额
月	日						
12	12	转 1	销售 B 产品	73 450		借	73 450
12	31		本月合计	73 450		借	73 450

表 7.41 在途物资明细账

品名:乙材料 计量单位:千克 规格:______ 金额单位:元

20＊4年		记账凭证编号	摘要	借方金额			贷方金额	结余余额
月	日			买价	采购费用	合计		
12	28	转 3	购入	30 000		30 000		30 000
12	31		本月合计	30 000		30 000		30 000

表 7.42 原材料明细账

类别:原料及主要材料

品名:甲材料 计量单位:吨 规格:______ 金额单位:元

20＊4年		记账凭证编号	摘要	入库			出库			余额		
月	日			单价	数量	金额	单价	数量	金额	单价	数量	金额
12	1		月初余额							1 000	140	140 000
12	4		购入	1 000	20	20 000				1 000	160	170 000
12	31	转 6	领用				1 000	110	110 000	10 000	50	50 000
12	31		本月合计	1 000	20	20 000	1 000	110	110 000	10 000	50	50 000

表 7.43 原材料明细账

类别:原料及主要材料

品名:乙材料 计量单位:千克 规格:______ 金额单位:元

20＊4年		记账凭证编号	摘要	入库			出库			余额		
月	日			单价	数量	金额	单价	数量	金额	单价	数量	金额
12	1		月初余额							3	10 000	30 000
12	31	转 6	发出				3	5 000	15 000	3	5 000	15 000
			本月合计				3	5 000	15 000	3	5 000	15 000

表 7.44　生产成本明细账

二级科目名称：A 产品　　　　单位：元

20＊4 年		记账凭证编号	摘　要	借方	贷方	借或贷	余额
月	日						
12	31	转 4	结算本月工资	25 000		借	25 000
12	31	转 5	计提职工福利费	3 500		借	28 500
12	31	转 6	结转本月发出材料成本	30 000		借	58 500
12	31	转 7	结算本月水电费	20 000		借	78 500
12	31	转 9	结转制造费用	11 470		借	89 970
12	31	转 10	结转本月完工 A 产品		89 970	平	0
12	31		本月合计	89 970	89 970	平	0

表 7.45　生产成本明细账

二级科目名称：B 产品　　　　单位：元

20＊4 年		记账凭证编号	摘　要	借方	贷方	借或贷	余额
月	日						
12	31	转 4	结算本月工资	25 000		借	
12	31	转 5	计提职工福利费	3 500			
12	31	转 6	结转本月发出材料成本	74 000			
12	31	转 7	结算本月水电费	18 000			
12	31	转 9	结转制造费用	11 470			
12	31	转 10	结转本月完工 B 产品		92 750	借	39 220
			本月合计	131 970	92 750	借	39 220

表 7.46　库存商品明细账

品名：A 产品　　计量单位：件　　规格：______　　　　金额单位：元

20＊4 年		记账凭证编号	摘要	入库			出库			余额		
月	日			单价	数量	金额	单价	数量	金额	单价	数量	金额
12	1		月初余额							312.30	240	74 952
12	31	转 10	完工入库	299.9	300	89 970						
12	31	转 11	结转成本				305.41	250	76 352.5	305.41	290	88 569.5
12	31		本月合计		300	89 970		250	76 352.5		290	88 569.5

表 7.47 库存商品明细账

品名:B产品　　计量单位:件　　规格:______　　金额单位:元

20*4年		记账凭证编号	摘要	入库			出库			余额		
月	日			单价	数量	金额	单价	数量	金额	单价	数量	金额
12	1		月初余额							365	460	167 900
12	31	转 10	完工入库	350	265	92 750						
12	31	转 11	结转成本				364.55	100	36 455	364.55	615	224 195
12	31		本月合计		265	92 750		100	36 455		615	224 195

表 7.48 应付账款明细账

二级科目名称:明光公司　　单位:元

20*4年		记账凭证编号	摘要	借方	贷方	借或贷	余额
月	日						
12	1		月初余额			贷	80 000
12	9	付 3	支付前欠货款	80 000	0	平	0
12	28	转 4	购入乙材料		33 900	贷	33 900
12	31		本月合计	80 000	33 900	贷	33 900

表 7.49 应付账款明细账

二级科目名称:鸿翔公司　　单位:元

20*4年		记账凭证编号	摘要	借方	贷方	借或贷	余额
月	日						
12	1		月初余额			借	20 000
12	31		本月合计			借	20 000

表 7.50 利润分配明细账

二级科目名称:提取法定盈余公积　　单位:元

20*4年		记账凭证编号	摘要	借方	贷方	借或贷	余额
月	日						
12	31	转 18	提取法定盈余公积	135 595.64		借	135 595.64
12	31	转 20	转销		135 595.64	平	0
12	31		本月合计	135 595.64	135 595.64	平	0

表 7.51　利润分配明细账

二级科目名称:应付利润　　单位:元

20＊4 年		记账凭证编号	摘　要	借方	贷方	借或贷	余额
月	日						
12	31	转 19	向投资者分配利润	20 000		借	20 000
12	31	转 20	转销		20 000	平	0
12	31		本月合计	20 000	20 000	平	0

表 7.52　利润分配明细账

二级科目名称:未分配利润　　单位:元

20＊4 年		记账凭证编号	摘　要	借方	贷方	借或贷	余额
月	日						
12	1		月初余额			贷	488 500
12	31	转 17	结转净利润		1 355 956. 37	贷	1 844 456. 37
12	31	转 20	转入利润分配	155 595. 64		贷	1 688 860. 73
12	31		本月合计	155 595. 64	1 355 956. 37	贷	1 688 860. 73

实训要求

根据以上账簿资料编制大华公司 20＊4 年 12 月 31 日资产负债表(格式见表 7.53)。

表 7.53　资产负债表

会企 01 表

编制单位:　　20＊4 年 12 月 31 日　　单位:元

资　　产	期末余额	年初余额	负债和股东权益	期末余额	年初余额
流动资产:			流动负债:		
货币资金			短期借款		
交易性金融资产			交易性金融负债		
衍生金融资产			衍生金融负债		
应收票据			应付票据		
应收账款			应付账款		
应收款项融资			预收款项		
预付账款			合同负债		
其他应收款			应付职工薪酬		
应收股利			应交税费		
应收利息			应付利息		
存货			应付股利		

续表

资　　产	期末余额	年初余额	负债和股东权益	期末余额	年初余额
合同资产			其他应付款		
持有待售资产			持有待售负债		
一年内到期的非流动资产			一年内到期的非流动负债		
其他流动资产			其他流动负债		
流动资产合计			流动负债合计		
非流动资产：			非流动负债：		
债权投资			长期借款		
其他债权投资			应付债券		
长期应收款			其中：优先股		
长期股权投资			永续股		
其他权益工具投资			租赁负债		
其他非流动金融资产			长期应付款		
投资性房地产			预计负债		
固定资产			递延收益		
在建工程			递延所得税负债		
生产性生物资产			其他非流动负债		
油气资产			非流动负债合计		
使用权资产			负债合计		
无形资产			所有者权益：		
开发支出			实收资本(或股本)		
商誉			其他权益工具		
长期待摊费用			其中：优先股		
递延所得税资产			永续股		
其他非流动资产			资本公积		
非流动资产合计			减：库存股		
			其他综合收益		
			专项储备		
			盈余公积		
			未分配利润		
			所有者权益合计		
资产总计			负债和所有者权益合计		

任务二　利润表编制训练

实训目的

(1) 熟悉利润表的结构和内容；
(2) 掌握利润表的编制方法。

实训时间

完成本次实训需1学时。

实训资料

大华公司20＊4年1～11月的损益类账户资料见表7.54。

表7.54　20＊4年1—11月大华公司损益类账户资料

序　号	账　　户	1～11月累计金额
1	主营业务收入	7 456 850
2	其他业务收入	150 000
3	投资收益	200 000
4	营业外收入	4 800
5	主营业务成本	3 689 450
6	其他业务成本	110 000
7	税金及附加	678 864
8	销售费用	3 028 000
9	管理费用	1 423 000
10	财务费用	680 000
11	营业外支出	165 717
12	所得税费用	431 517

实训要求

根据任务一相关资料及以上资料编制大华公司20＊4年利润表(格式见表7.55)。

表 7.55 利润表

会企 02 表

编制单位： 20 * 4 年 单位：元

项　　目	本期金额	上期金额
一、营业收入		
减：营业成本		
税金及附加		
销售费用		
管理费用		
研发费用		
财务费用		
其中：利息费用		
利息收入		
加：其他收益		
投资收益		
以摊余成本计量的金融资产终止确认收益		
净敞口套期收益		
公允价值变动收益		
资产减值损失		
信用减值损失		
资产处置收益		
二、营业利润((损失以"－"号填列)		
加：营业外收入		
减：营业外支出		
三、利润总额((损失以"－"号填列)		
减：所得税费用		
四、净利润(损失以"－"号填列)		
五、其他综合收益的税后净额		
六、综合收益总额		
七、每股收益		
(一) 基本每股收益		
(二) 稀释每股收益		